U0535861

贩卖死亡

军工复合体与世界大战

[美] H. C. 恩格尔布雷希特
[美] F. C. 汉尼根
著

陈恒 译

THE MERCHANTS OF DEATH

江苏人民出版社

图书在版编目（CIP）数据

贩卖死亡：军工复合体与世界大战 /（美）H.C. 恩格尔布雷希特,(美) F.C. 汉尼根著；陈恒译. -- 南京：江苏人民出版社, 2024. 10. -- ISBN 978-7-214-29451-7

Ⅰ．E145.3

中国国家版本馆 CIP 数据核字第 2024TY5282 号

书　　名	贩卖死亡：军工复合体与世界大战
著　　者	［美］H.C. 恩格尔布雷希特　［美］F.C. 汉尼根
译　　者	陈恒
责任编辑	胡海弘
装帧设计	东合社·安宁
出版发行	江苏人民出版社
地　　址	南京市湖南路 1 号 A 楼，邮编 210009
印　　刷	天津市新科印刷有限公司
开　　本	880×1230 毫米　1/32
印　　张	9
字　　数	158 千字
版　　次	2024 年 10 月第 1 版
印　　次	2024 年 10 月第 1 次印刷
标准书号	ISBN 978-7-214-29451-7
定　　价	49.00 元

（江苏人民出版社图书凡印装错误可向承印厂调换）

▲ 图一　和平时期的消费

全球军火制造业产值达到了 450 亿美元，美国为此做出了巨大贡献①

▲ 图二　巴希尔·扎哈罗夫爵士
"死亡的超级推销员"

▲ 图三　海勒姆·马克沁爵士
"全自动死亡机器的发明者"

① 摄于 1934 年。——译者

▲ 图四 阿尔弗雷德·克虏伯
"曾经的国王"

▲ 图五 欧仁·施耐德二世
"现在的国王"

▲ 图六 重新开工的克虏伯工厂
位于埃森的克虏伯工厂[①]

---

① 绘于19世纪末。——译者

▲ 图七 勃艮第的烟囱
法国克鲁索的施耐德弹药工厂①

▲ 图八 赤色之枪
苏联摩托化机枪连②

① 摄于1905年。——译者
② 摄于1933年,莫斯科红场阅兵。——译者

▲ 图九 白烟

一战前正在进行化学战演习的美军

▲ 图十 新型坦克

这种坦克能跨越 35 英尺的战壕,超越了之前的所有坦克,也为工厂带来了更多订单。它一小时能走 120 英里,而且重量很轻,可以空运[1]

---

[1] 图为1932年研发的新型克里斯蒂坦克。——译者

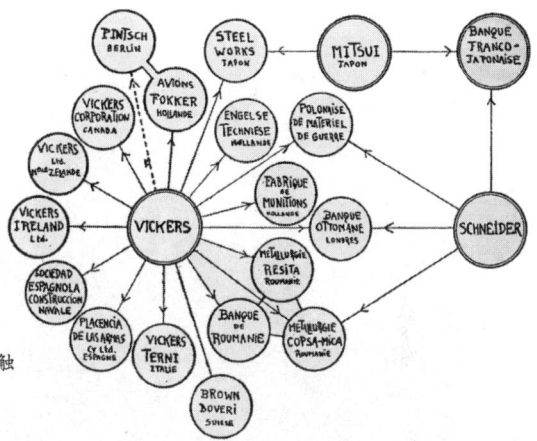

▶ 图十一 八爪鱼
维克斯伸向全世界的"触手"(子公司)

▶ 图十二 广告
英国维克斯公司在德国《军事周刊》上宣传"世界著名的维克斯－卡登－罗伊德坦克"

▲ 图十三 克虏伯装甲

由美国卡内基钢铁利用德国专利为俄罗斯海军制造

▲ 图十四 飞翔的"鲸鱼"

新型轰炸机，配有供炮手使用的旋转玻璃炮塔。可携带2000磅炸弹，时速200英里[1]

---

[1] 图为1934年首次服役的B-10轰炸机。——译者

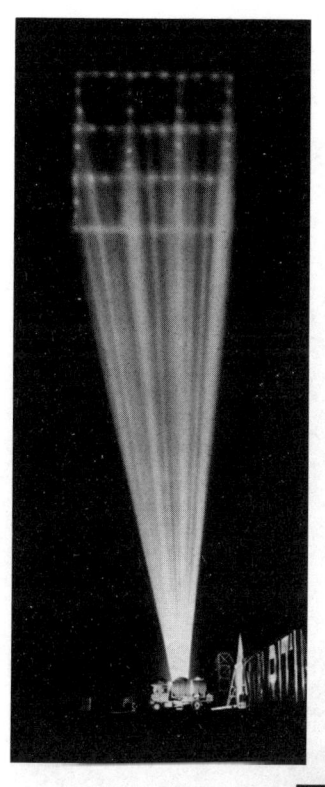

◀ 图十五 空中棋盘

英国迄今发明的最强大的新型防空探照灯,可在空心网格中捕捉敌方飞行器,并立即确定其高度、速度和方向[1]

▶ 图十六 闪电与雷霆

一艘超级无畏舰的造价为3000万—3500万美元,每年的维护费为200万美元。如图所示的一次炮击需要花费2.5万美元[2]

---

[1] 摄于1931年。——译者
[2] 摄于1934年。——译者

▲ 图十七　巴黎市民为应对毒气袭击成立新组织

　　一战前的巴黎市民准备应对毒气袭击，新成立的某个组织成员要求在市民中普及防毒面具

▲ 图十八　新时代的鹰身女妖

　　一战期间德国飞行员在发动攻击前研究将要施放毒气的区域

▲ 图十九 新时代的海盗
一战期间英国水兵在皇家海军学校接受防毒指导

▲ 图二十 维克斯的其他产品
英国潜艇,当时十分罕见的潜水机库之一[1]

---

[1] 图为1918年下水的英国M2潜艇。——译者

▲ 图二十一　伯利恒的其他产品
一战前下水的美国巡洋舰上的大炮以及飞机

▲ 图二十二　"可怕的雨露降临到大地上"
（左）苏联防空机枪　（右）英国水上飞机装载的新式速射机枪

▲ 图二十三 亚眠战役

维克斯坦克以每小时 40 英里的速度进入、以 6 节的速度离开水面,不需要任何调整①

---

① 图为 1931 年生产的维克斯-卡登-罗伊德轻型两栖坦克。——译者

▲ 图二十四 "施耐德万岁!"(Heil Schneider!)
16万可能已经武装完毕的纳粹冲锋队。希特勒从施耐德-克鲁索的子公司斯柯达的董事那里获得资金①

▲ 图二十五 国际分工
瑞典博福斯公司的分部,克房伯在该公司拥有股份

---

① 图为1933年纽伦堡的纳粹党集会。——译者

目录 CONTENTS

前言 /001

第一章　重新审视军火工业 /001

第二章　军火商的起源 /013

第三章　杜邦：爱国者与火药制造商 /023

第四章　美国的火枪手们：柯尔特、温彻斯特、雷明顿 /039

第五章　二手死亡——二手武器贩子 /058

第六章　大炮之王——阿尔弗雷德·克虏伯 /073

第七章　全自动杀戮——马克沁机关枪 /089

第八章　带来死亡的超级推销员——巴希尔·扎哈罗夫 /100

第九章　英国议会的"继母"——维克斯有限公司 /114

第十章　克鲁索"公爵"——欧仁·施耐德 /128

第十一章　世界大战前夜的军火商们 /148

第十二章	世界大战：欧洲战场	/163
第十三章	世界大战与财富之源	/182
第十四章	世界变得更好了吗？	/200
第十五章	裁军会议的反对者们	/216
第十六章	到1933年为止的军火工业现状	/229
第十七章	前景展望	/251

前言　PREFACE

我极为荣幸地将这本关于国际军事工业的研究著作推荐给热爱文明的读者们。这本书从几个重要方面对历史和社会科学文献做出了卓越的贡献。

首先，它指出了我们对技术和工业一个分支的巨大知识空白，并勇敢地开始尝试填补这一空白。武器的发展在现代国家的命运中扮演了非常重要的角色。然而，对于任何一代人或国家来说，都没有一篇关于武器工业演变的令人满意的专题论文。关于已经发生的战争，已经有了无穷无尽的文字记录，但关于为什么在美西战争中的士兵比乔治·华盛顿将军手下的士兵装备更为有效，却鲜少有人提及，关于各种战争中武器装备来源的信息更是少之又少。历史告诉我们，普鲁士人在1866年的战争中使用了"针枪"，但12个历史教授中可能没有一个能解释"针枪"究竟是什么，或指出从膛线枪到后膛装弹步枪的转变。

其次，这项研究揭示了关于一个相当大的行业组织和销售方法的大量启发性信息。在我们这一代之前，军工制造商的活动就已经体现出了现代商业将高压宣传作为销售手段的特征了。

不可否认，战争，尤其是以当代毁灭手段进行的战争，其重要性不言而喻。战争可能对人类构成威胁，但它们不断增加的破坏力至少在负面意义上使它们变得更加重要。如果说战争不再能对人类生活做出任何重大的建设性贡献，那一定是因为它们在破坏社会和摧毁文明的能力上已变得愈加强大。在H.G.威尔斯先生的书中，他已经为我们生动且骇人地预示了下一次世界大战的恐怖。武器技术控制着战争的物质基础，随着武器效能和致命性的增加，战争变得更加具有破坏性。没有什么比系统地了解军备工业的历史更有助于我们理解这一点了：如果人类希望保留现代文明（至少保留其外表），就应该立刻将精力投入到控制各种大规模杀伤技术中去。这就是本书的第三个杰出优点。

此外，对于习惯于深思熟虑的读者来说，本书还存在着第四个优点：对军事工业给予了全面而完整的梳理。本书有关于军事工业发展的历史，有关于军事工业成就的概述，有对军工巨头所遵循的方法的描述，有对伴随军工巨头产品营销活动而来的伦理道德退化的揭露，还有对世界和平的展望。

与作品的全面性同样令人印象深刻的，是贯穿整个研究的理智与合理的基调。大多数关于军备工业的记述都是由那些对反战事业充满热情的勇士所写。这里需要指出一点：这种"十字军"式心理并不总是为理解战争原因提供最佳背景。这并不是对热情的和平主义者的努力和勇气的贬低，因为，当一个和平主义者对军事工业展开批判时，他总是会给人一种印象：军火制造商就是和平的主要威胁。他们模糊了许多其他能够促成战争的有利因素，这反而在间接上是一种对和平事业的损害。

恩格尔布雷希特博士和汉尼根先生并未屈服于这种诱惑。他们彻底揭露了军事工业的所有罪恶，但他们始终意识到那些更广泛的力量，如帝国主义、极端民族主义和资本主义竞争，在维持战争体系方面起着比军事工业更大的作用。

从另一个角度来看，他们观点的合理性也显而易见。他们以足够彻底的方式揭露了军火商的腐败、贿赂和虚伪，这与那些最坚定的和平主义者的观点是一致的。但是，他们没有试图将这些军火海盗以及他们的说客和销售员描绘成恶棍或者罪犯。他们知道，这些人并不比我们自己的大银行家更腐败。如果英国坦克大亨在其政府即将与俄罗斯断绝外交关系时急于向俄罗斯出售坦克，那么资本家米切尔先生和威金先生就会同时卖空手中的银行股票。如果英国飞机公司准备向希特勒政府出售飞机，那么辛克莱先生及其合伙人也会以自己的股东为代价攫取巨额利润。

军事工业中的虚伪与欺诈的根源其实就是这些银行家。很少有军火商能复制J.P.摩根在内战期间向约翰·C.弗雷蒙特出售有缺陷武器的行为。当谈到经济腐败时，约翰·T.弗林的《商业中的贿赂》一书展示了比本书更令人震惊的记录。而且，即使军火商在鼓励战争、叛乱和边境袭击中扮演了突出的角色，他们对战争推广的影响也从未像美国的银行家在1914—1917年间那样可怕：这些银行家通过对美国施加压力使其参战，造成的后果几乎摧毁了当代世界。

军火商和银行家同样是人类贪婪本性的展现。军火商唯一的独特之处在于，他们从事的行业以人类的死亡为逻辑终点和目标。

本书中随处可见的冷静与理智将使其信息和含义更加具有破坏性。作者几乎不存在夸张或危言耸听。总的来说，这本书是对工业历史、当代伦理学、国际关系和和平运动的显著贡献。它必将对所有智慧而公正的读者产生文明的影响。

哈里·埃尔默·巴恩斯

第一章

重新审视军火工业

> 向所有提出合理价格的人提供武器，不论他是谁或秉持什么主义：向贵族和共和主义者，向虚无主义者和沙皇，向资本家和社会主义者，向新教徒和天主教徒，向窃贼和警察，向黑人、白人和黄种人，向所有种类和条件的人，所有国籍，所有信仰，所有愚蠢，所有事业，以及所有罪行提供武器。
>
> ——萧伯纳剧作《巴巴拉少校》中的军火商安德肖夫的信条

> 我认识到，武器和弹药制造商在公众的整体评价中并不是很高。
>
> ——萨缪尔·S.斯通，科尔特专利火器制造公司总裁

1930年，在裁军倡导者的努力下，美国、英国和日本签署了一项条约。① 尽管这项条约远未达到使这些国家裁军

---

① 指1930年4月22日签署的《限制和削减海军军备条约》（通称《伦敦海军条约》）。

的目的，但它确实就限制各国海军规模达成了共识，暂时阻止了这些国家之间昂贵的海军竞赛。在美国总统胡佛将该条约提交给参议院批准时，一个名为"海军联盟"的组织出现了。它强烈反对该条约，理由是它"危及了美国的安全"。不过，联盟未能说服参议院，条约最终还是得到了批准。

我们当然可以假设，海军联盟是一群不信任国际裁军努力并且相信大型海军能保障美国及其公民安全的个人的集合。有人可能会攻击这些保守派的观点反动，但他们的观点却是许多与联盟无关的人所支持的、公认的爱国政策。那么，海军联盟到底是什么，其支持者是谁呢？

1916年，克劳德·H.塔文纳代表在国会上发表了一次演讲，他揭露了对海军联盟的性质和特征的调查结果。他引用的联盟官方期刊显示，有18名个人和1家公司被列为"创始人"。这家公司是米德韦尔钢铁公司，美国政府从该公司购买了超过2000万美元的装甲板，其他材料更是不计其数。18位"创始人"则包括：查尔斯·M.施瓦布，伯利恒钢铁公司的总裁，该公司制造装甲板和其他军备材料；J.P.摩根，美国钢铁公司的创始成员，大型海军订单将为该公司带来重大利润；R.M.汤普森上校，国际有色合金公司的成员，该公司经营制造炮弹所必需的镍；B.F.特雷西，前海军部长，后成为卡内基钢铁公司的律师。这个充满活力的联盟的创始人中有一半以上能够从巨额海军拨款中受益。很显然，美国军火商正在利用这个"海军联盟"来阻止海军裁军。

在欧洲，美国军火商的同行们还要更加活跃。希特勒现已成为德国军国主义回归的象征。其实，在他攫取了最高权力之前，就有许多关于他的财政支持者的猜测。显然，这些支持者包括害怕共产主义工会的德国工业资本家、因《凡尔赛条约》而感到屈辱的极端民族主义者，以及许多怀有种种不满的人。但在为希特勒提供活动资金的捐赠者名单上，还有两个资本家的名字——阿塔伯和杜斯尼茨，他们是斯柯达公司的董事，该公司是德国邻国及敌人捷克斯洛伐克的一家大型军工企业。

在美国，董事会间交叉任职是一个司空见惯的现象。产业的真正控制者经常会藏在最意想不到的地方。在欧洲，同样的体制也普遍存在：阿塔伯和杜斯尼茨所代表的斯柯达实际上又受另一家公司的控制，这个控股公司的负责人既不是德国人也不是捷克人，而是法国公民欧仁·施耐德二世，施耐德-克鲁索公司的总裁，这家公司在近一个世纪以来主导了法国武器工业，并通过其子公司控制了中欧大部分重要的武器工厂。因此，希特勒的部分财政支持，实际上来自一个法国工业资本巨头和武器制造巨头所拥有的公司。

军火商人也会通过报纸塑造公众舆论。施耐德先生不仅仅是施耐德-克鲁索的总裁，还是另一个大型组织——法国锻冶委员会的精神领袖和创始人。锻冶委员会通过一位高管掌握着巴黎报纸《时报》的控股权，该报纸在法国的地位与《纽约时报》相当；他们还掌控了与《纽约先驱论坛报》地位对应的《辩论报》。这两家有影响力的报纸不断警告其读者"裁军的危险"以及德国的威胁。这样一来，施耐德先生手上就同时牵着两根线，一根连接到希特勒和德国军国主义，另一根则与法国媒体和法国军国主义相连。

为了自己的利益，军火商人长期以来一直在为本国的潜在敌人提供武器装备。英国的贝特福德公园曾经展示着一门第一次世界大战中英国人从德国人手中夺得的大炮。大炮上带有英国的商标，因为战前它是由一家英国公司卖给德国的。此外，一家英国公司还在战争期间向土耳其人出售了水雷，而这些水雷险些在达达尼尔海峡将英国战舰击沉。这种国际武器贸易的例子在战前比比皆是。

如今，这样的例子也数不胜数。最近的一起苏联对英国工程师的审判案件提到了维克斯公司，该公司是这名被控告的工程师的雇主。维克斯的业务可不仅仅是为布尔什维克建造大坝——它是英国最大的军工企业。多年来，苏联与英国的关系使苏联确信英国将领导资本主义国家对苏联发起入侵。然而在1930年，维克斯向苏联出售了60辆该公司生产的最新最强大的坦克。

如今，对英国而言，德国的问题远比俄罗斯更严重。希特勒的崛起重新唤醒了英国战前对德国的担忧。《凡尔赛条约》禁止德国拥有军事航空力量。然而在1933年，正当两国关系紧张时，德国从一家英国飞机制造商订购了60架市场上最高效的战斗机，如果不是英国航空部介入并禁止英国制造商供应这些飞机，这一订单可能早已交付完成。

军火制造商还会策划制造"战争恐慌"。他们通过激发政府和民众对邻国和竞争对手的恐惧来销售更多武器。这是一种在第一次世界大战前欧洲经常使用，且至今仍在使用的老办法。贿赂经常与战争恐慌密切相关。在罗马尼亚的塞莱茨基的丑闻案件中，以上两件事都得到了很好的证明。布鲁诺·塞莱茨基（或者叫泽列夫斯基）是斯柯达公司在罗马尼亚的代理，1933年3月，罗马尼亚当局发现斯柯达公司逃税高达6500万列伊。在搜查塞莱茨基的文件时，当局发现了涉及间谍活动的秘密军事文件，随后当局立刻封存了该文件，并宣布将对塞莱茨基的事务进行彻底的"清查"。

几天后，当局忽然发现封条已被破坏，许多文件不翼而飞。如今塞莱茨基仍在拘留中等待审判，其他文件被仔细审查。最近的一些调查也揭露了罗马尼亚政府和军队一些重要官员的腐败问题，总额超过10亿列伊的资金被分配给了"合适"的官员,其中有数十万被用于"慈善"或花费在"娱乐"上,因为这些收到款项的人"将来会被我们利用"。调查还发现1930年的战争恐慌实际上是一个获取罗马尼亚军火订单的策略,因为当时的新闻声称俄罗斯准备入侵比萨拉比亚,而罗马尼亚无力处理这样的威胁;可是,当斯柯达从罗马尼亚政府获得巨额军火订单后,所有的恐慌情绪一夜之间消失了!丑闻败露后,涉案的波佩斯库将军在他的书房自杀,其他官员也因还有信息可能被曝光而感到极度紧张。但是,时至今日,谁也不知道塞莱茨基在罗马尼亚政府中的"朋友"到底是谁。

以上事件都发生在和平时期。也许有人会说,一旦他们的国家开始战争行动,军火商人就会摇身一变成为爱国主义者。但事实并非如此!在第一次世界大战期间,法国曾同时进行了两次审判。在第一次审判中,博洛·帕沙因试图腐化法国报纸,做出对同盟国有利的宣传而面临指控,最终他被定罪并执行了死刑。而在第二次审判中,一群法国工业家因通过瑞士向德国出售战争物资而受审。虽然他们的行为被证实,但由于他们也曾为法军供应物资,最终他们还是得到了释放。这只是战争期间与敌人交易的众多耸人听闻的例子之一。

军火商在保持账目清晰方面极为小心。在第一次世界大战之前,克虏伯发明了一种手榴弹特殊引信。维克斯在战争期间采用了这项发明,许多德国人被装备了此引信的英国手榴弹炸死。战争结束后,克虏伯以侵犯专利权为由向维克斯提出诉讼,要求维克斯为每个引信支付一先令,共计1.23亿先令。最后,案件在庭外和解,克虏伯以维克斯在西班牙的一个子公司的股份的形式获得了赔偿。

这些账目令许多人感到震惊,他们猜想,有一群无良恶棍正利用一切手段从人类的苦难和死亡中获利。恶棍们策划着一个组织严密而残忍无情的阴谋,阻碍世界和平并推动战争。产生这样的理解很正常,因为这种将我们所有自豪的科学和工程技术服务于战争,并通过现代销售技巧中最不受限制的方法将武器市场化的职业,确实是一种彻底的反社会职业。

但军火商人并不认为自己是恶棍。按照他们的看法,他们只是一群根据现行商业惯例销售商品的商人。他们的产品被用于何种用途、会造成何种后果显然与他们无关。因此,有许多武器制造商天真地声明,除财务成功外,他们对与自己行业相关的任何事情都不关心。例如,一个英国武器制造商将他的武器视为"家居产品",为了刺激更多的家庭购买"家居",他公开鼓励人们结婚。这个武器制造商认为,他有理由推广自己特定的商业活动。

这两种观点——普通人的指控和武器制造商的辩护——都不是对所涉问题的充分陈述。人们可能会对一个以人类最大的诅咒为生的行业的活动感到震惊；但是，我们还是有必要指出，创造战争的并不是武器工业。相反，武器工业才是战争的产物。而我们的文明，虽然不情愿，却还是将战争视为国际争端的最终裁决者。因此，我们也对武器工业的存在负有责任。

谁有权宣战？我们来具体分析这个问题。世界上所有的宪法（西班牙除外）都将发动战争的权力赋予政府或人民的代表，各国宪法还进一步授予政府征召人力以进行此类冲突的权力。为什么没有对这些宪法的伦理反抗？此外，政府还掌握了如民族主义和沙文主义、经济竞争和剥削资本主义、领土帝国主义和军国主义等力量。哪一个是战争的最大助力？是这些力量还是武器工业？武器工业无疑对和平产生了威胁，但它只是我们当前文明所依赖并对其负有责任的众多行业中的一个。

在这个问题上，许多和平主义者都显得十分肤浅，他们谴责了武器工业，却忽视了孕育了它的文明。如今，各国政府每年大约花费450亿美元来维持他们的战争机器，这一巨额资金每年都由人民的代表们投票通过。当然，总会有些人对这些巨大的军事开支产生抗议，少数人甚至抗议到拒绝履行军事义务和缴纳税款的地步。但总的来说，大多数人都承认"国家安全"需要这些巨额开支——它并非问题的根源所在。问题的根源在于人们对民族主义、军国主义和战争的普遍态度，在于形成这种态度并阻止任何激进和根本变革的文明。只有当这个战争体系的根源发生改变时，战争及其衍生品——武器工业才会消亡。因此，问题的根源远比武器工业本身要深远得多。

如果说这些对武器工业的批评者只是理解不够深刻，那么为武器工业进行辩护，强调武器交易是纯商业性和非政治性的人就没有这么单纯了。事实上，武器制造商是所有政府战争部和海军部的左膀右臂，因此，这些辩护者往往也是极其重要的政治人物，他对本国政府的游说是一种政治行为。武器工业的国际交易是国际政治行为，并在庄严的国际条约中得到认可。人们之所以不去强调这一点，是因为大多数国家都不愿意在武器贸易自由上受到什么阻碍，只有这样他们才能买到那些维护国家安全所必需的武器。结果，一个奇妙的悖论出现了：战争期间，所有国家都认为武器交易只是一种正常的商业行为，与政治无关。

这就造成了一种令人思维混乱的复杂情况：目前的世界显然既想要战争，也想要和平；它认为"国家安全"需要充足的武器供应保障，同时又谴责武器工业威胁"国家安全"。其实，这不仅仅是思维混乱，更是我们社会和政治生活中各种力量产生矛盾与冲突的显著反映。因此，一方面，所谓"和平之友"经常支持维持军队规模以保障"国家安全"，支持"防御性战争"，并主张在大学中进行军事训练。另一方面，武器制造商有时会为和平而扭怩作态。炸药大王诺贝尔设立了世界上最著名的和平奖；安德鲁·卡内基资助了一个和平基金会并撰写了关于武器危险的小册子；查尔斯·M.施瓦布宣称，如果能为世界带来和平，他乐意拆除他所有的装甲厂；杜邦公司最近告知其股东，公司对世界上的反战趋势感到欣慰。

在各种力量相互冲突、相互矛盾的背景中，武器制造商崛起并不断强大，如今他们已经成为和平事业中最危险的因素之一，是和平的障碍，也是战争的推动者。但是，他们并不是通过任何刻意的阴谋或计划来实现自己今天的地位的；他们的崛起是19世纪历史推动的结果。在19世纪惊人的科学发展、工业和商业演变、经济财富的集中、国际联系的紧密、民族主义的传播和加剧、国际政治的冲突的推动下，现代武器工业必然会出现，而它的弊端也是历史的必然趋势。如果说武器工业是现代文明身上的癌症，那么诱发它的病因不是什么外来因素，而是身体自身的不健康。

这本书展示了这个强大行业发展的概要，它并不是一部完整的通史，因为可能永远也没有人能将其叙述完整。政府档案中无疑隐藏着许多文件，这些文件可能会修改或改变这里所做的一些结论。其他一些文件则安全地保存在各种武器公司的档案中，有些甚至会因带有罪证而被销毁——它们可能永远不会被公之于众。像巴希尔·扎哈罗夫爵士这样强大而神秘的武器销售商可能到死也不会讲述他们取得成就的真相。但是，通过大量的声明、调查、案卷、公司历史以及武器交易商在他们自己的官方宣传中的夸耀，我们还是可以追溯这个行业的发展。

这是一个漫长的故事，一方面，它有着奇特的幼年期、不确定的青春期、自信的成熟期，以及未来的强大生命力；另一方面，它也有衰败的可能性和持续存在的严重威胁。它拥有伟大的人物，有半神般的英雄，有坚定遵循旧原则的支持者，也有新时代的开拓者。它起源于中世纪，那时新颖而令人恐惧的火绳枪刚刚诞生；它与伟大的拿破仑·波拿巴有过交集；托马斯·杰斐逊与其中一位无畏的先驱有着密切的个人关系；它与克里米亚战争紧密相连，以至于某首诗应该这样读：

国际大炮在他们右侧，
国际大炮在他们左侧，
国际大炮在他们面前
齐射和轰鸣。

德意志帝国皇帝曾被他的英雄之一，"国王"克虏伯所蔑视；1909年，一个来自利兹的聪明的小武器推销员吓坏了骄傲的大英帝国；就在昨天，一位行业冠军在日内瓦完成了一项最"爱国"的交易。这是一个充满非凡事件的过去，向未来投射出不祥的阴影。

第二章

军火商的起源

> 今此黑暗原形物,吾等可从深处去搜寻,
> 内有冥都火焰深藏孕,
> 吾等将他放入长圆空中的机器,深深填塞紧,
> 在他端之孔以火燃引,
> 远远地,将一种凶恶的器械射入敌人之阵,
> 凡当去路的,将莫不被他击倒,碎作纷纷,
> 彼时……
> 但或者你这族类中人,
> 到将来恶意充盈,
> 便有的包藏祸心,
> 或感得恶魔的计忖,
> 也创出类此的器械,为祸人间的子孙,
> 借以惩其战斗相残的倾性。
>
> ——弥尔顿《失乐园》,卷六,傅东华译

但愿我没有因为对科学的热爱而给自己带来这么多麻烦。

——罗杰·培根

我们的一切故事都始于"中世纪"。那时，火药刚刚被引入欧洲，国王们刚刚学会了如何使用弩对抗叛逆的贵族。只需一小队精准的弓箭手，他们就能够将穿着盔甲的骑士从战场上赶走，并将其逼进领主的城堡避难。但箭矢对于厚厚的城墙来说力量太小了。于是，一些滑稽的管状物体出现了，它们发出恐怖的噪音，连操作它们的炮兵都感到畏惧，因为它们经常会走火。它们唯一能击中的目标大概就是中世纪的城堡，但对于这些曾经坚不可摧的城垒，它们的效果非常明显。它们带来了一个新时代——一个国王强令叛逆的贵族屈服、商人在原始大炮贸易中获利的时代。

就像20世纪初，马厩所有者变成了车库管理者、车夫突然变成了司机一样，中世纪的铸甲师和铸剑师们顺理成章地进入了一个新行业，并调整了他们的工具以制造枪支和臼炮。在黑森林，在布拉格以及波希米亚南部，在莱茵河上的索林根（那里自中世纪起就一直是刀具制造中心），先前生产臂甲、胸甲、头盔和骑士枪的锻造厂转而生产枪支。在意大利的布雷西亚、都灵、佛罗伦萨、皮斯托亚和米兰，各种武器经由技艺精湛的工匠们的丰富想象力和灵巧双手而诞生。在西班牙的托莱多和塞维利亚，摩尔工匠打造他们著名的剑，直到20世纪这些剑才被限于游行和博物馆展出使用；但在铸剑的同时，工匠们还尝试用他们的技艺制造新武器。

枪支制造的最活跃中心在比利时。这个国家拥有这个行业所需的所有自然元素。那里有丰富的铁和煤，河流和道路提供了优秀的运输条件。当德国和法国在长期且代价高昂的战争中耗尽他们的资源时，相对平静的列日则变得繁荣起来。列日人天生具有卓越的发明和商业才能，他们非常善于利用他们的战略位置。黑森林的锻工可能只为他们自己的统治者制造枪支，列日人则面向整个西方世界。

但几十年过去后，列日向其他国家销售武器的速度发展得过于迅速了，以至于勃艮第的"大胆查理"颁布了一项法令：禁止列日人制造武器。为此，市民们挑战了查理，查理则以围攻城市的方式强行贯彻这一措施。他的旗帜和大炮轰击取得了成功，列日被占领并被烧毁，那些没有逃跑的居民被屠杀。但武器工业的顽强是公爵们的计划所想象不到的：查理刚步入坟墓，勇敢的列日人就又回到了他们的锻造厂。

1576年，他们接受了一项非常特殊的交易。那一年，阿尔瓦公爵将他的西班牙军团带到低地国家。他屠杀了那里的新教徒，如果天主教徒也表现出像佛兰德人或荷兰人那样的爱国倾向，他也不会例外。但他的武器并不全都是在托莱多或塞维利亚的炉子里制造的——列日的武器制造商卖给了他一些他们用来与同胞作战的枪支、大炮和弹药。这是有记录的第一个国际性的反民族的武器交易实例。

除了"大胆查理",其他领主也试图限制这些百无禁忌的商人。德国人对低地国家有着模糊的封建要求,他们提醒列日的行会,列日是威斯特法利亚公国的一部分,向德国的敌人销售武器和弹药是违法行为。但是,就像列日人的后继者维克斯和施耐德一样,列日无视了这一法令。后来,当这片领土被法国征服时,他们被迫遵守法兰西共和国和拿破仑一世的类似命令,但这并不妨碍他们的工业继续兴旺发达。到了18世纪中叶,列日的年产量达到了10万件,被公认为欧洲武器制造中心之一。

从诞生之初,武器工业就不得不与比"大胆查理"或德国公爵这样偶然的统治者更强大的对手作斗争。在古时候,将军们往往会认为死于床榻是一种耻辱,为此他们不惜在战场的混战中勇敢地挥舞剑刃,在长矛兵和骑兵的人潮中冒险。早期的军事统治阶层蔑视火枪等远距离杀人的懦弱装置,除用于围攻目的外,枪支被视为低劣之物。在抵制变革这一点上,欧洲上层阶级与日本的武士非常相似。当16世纪的荷兰商人抵达日本时,他们发现日本人拥有大量的火药,但根本不愿意在战斗中使用它,因为根据武士道(战士之道)的教义,除了面对面用冷钢武器交锋,以其他方式遭遇敌人都是不光彩的。欧洲的"武士道"使得武器工业停滞了几个世纪。

只有在打猎时，新的杀戮方法才被认为是适当的。贵族们是如此喜爱他们的第一支粗制的猎枪，以至于禁止非贵族出身的人使用它们打猎。很快，列日和其他城市的武器制造商就在这一早期体育用品行业中发现了大量的利润。而且，他们发现的不仅仅是利润，当这些新发明在田野证明了其价值后，贵族们认识到了新发明的真正价值。无论他们多么不情愿，军械处都接受了这些新发明。

但是，成长之路还存在着许多障碍。在那些步履沉重的世纪里，科学是粗糙而缓慢的，人们花了数百年时间才改造出了新的战争工具。从粗制的列日"轰炸炮"到维克斯和施耐德的精密武器，从笨重的火绳枪到轻巧的温彻斯特连发步枪，人们经历了太多太多。比如说，最初的火炮口径小得荒谬，它由几个铁圈组成，用皮带固定在一起，如果一次性使用大量火药就可能炸膛。那时的小型火器实际上也是大型火器，火枪手必须将他们笨重的火绳枪放在叉形杆上以瞄准，还必须依靠助手随身携带的导火索来点火击发。

给火枪装入火药并点燃的问题是小型武器发明家和商人面临的主要困难。从哥伦布发现美洲到拿破仑战争的数百年间，完善枪锁、扳机和发射膛的进步极其缓慢。几十年过去了，需要自带便携式导火索的火绳枪才演变成了将导火索附着在膛口上的火绳枪。又过了一个世纪，才发明了簧轮式火枪，它有一个弹簧装置，虽然实际用处不大，但这已经是最早的扳机之一了。到了17世纪，某位无名工匠想到了使用燧石，于是发明了燧发枪，这是马尔博罗、腓特烈大帝和华盛顿的士兵的武器。这些燧发枪经常走火，而且一遇到下雨天，松散地包在纸里的火药和子弹就没用了。当时的枪管没有膛线，射程短，无法精确瞄准，只有在步兵方阵中，它们才能发挥一定效果。此时，武器工业还处于襁褓期。

从纯商业的角度来看，法国大革命唤醒了武器制造商。处决路易十六使全欧洲联合起来，以消除法国的威胁。英国扫清了法国的商船；德国既是怀恨在心的法国流亡者的盟友又是东道主；奥地利皇帝，在为亲戚玛丽·安托瓦内特哀悼的同时，在各个地点——莱茵河、意大利，最重要的是在佛兰德——动员了他的军团。列日的武器商人们被禁止从事他们通常的贸易，英国的封锁也阻止了美国武器运往法国港口。看起来，法国革命政府似乎只能依靠他们自己来充实混乱的军械库。然而，还有一个可能的进口渠道。

德国和奥地利的武器制造商会压制他们的爱国心，向法国敌人出售武器吗？如果是，中立的瑞士会让货物通过吗？面对问题的关键，绝望的公共安全委员会派遣公民特尔和公民乔赴日内瓦、巴塞尔、苏黎世甚至德国和奥地利，以探听铸甲师们的意向。很快，代理人向委员会提交了如下报告："贪婪的黑森亲王愿意为出价最高者服务。"贪婪占了上风，列日人和阿尔瓦公爵的老故事再度上演。

中立的瑞士也进行了妥善处理。卖家将他们的货物打包在最普通且最不具威胁的箱子里，以至于谁也看不出箱子里藏有武器。运输者接到指令后，通过预先规划的曲折路线将它们送达目的地。德国送来了四万支步枪，很快，奥地利也送来了当地出产的铜（制造炮弹所需的必要金属）。瑞士政府曾向奥地利皇帝保证，他们不会允许任何人破坏中立，但两条运输路线也在暗中继续进行——一个方向是带着丰厚的资金进入中欧的代理人，另一个方向则是经过伪装的武器运输马车。这是一场奇特的游行，但正如我们从后来的历史所见的那样，这次游行不会是通过瑞士的唯一一次。

这次游行是富有成效的，虽然国内武器工业重组对法军的武器供应意义更大，但这些德国和奥地利的外援令法国的成功更有保障。法军在瓦尔密、瓦蒂尼耶和佛兰德的胜利使联军退回到他们的基地，从而拯救了法国革命政府。法国的军械库现在有能力装备法军，法国将军们也从丹东和公共安全委员会的防御战术转为在执政府和拿破仑的领导下将战火烧到他国领土。不过无论何时，法国人都不会轻视来自外国致命武器的援助。

1797年，罗伯特·富尔顿抵达巴黎。当时他还没有绘制出他著名的蒸汽船的设计图，但他发明了另一种水上交通工具，并为此成立了一家公司。这是世界上第一艘有实用价值的潜水艇，当富尔顿鹦鹉螺号公司向法国政府提交产品资料时，法国海军界表达了浓厚的兴趣。虽然像穿着盔甲的骑士一样的老派海军上将们认为这项发明是懦弱的，配不上法国的荣誉；然而，执政府的成员和拿破仑雇用的科学家却倾向于支持它。很快，拿破仑就从执政府手中夺取了权力。

富尔顿获得了有限的资金支持，并进行了试验。虽然鹦鹉螺号结构十分原始，只是通过向船舱内注水来潜水，通过抽水出来以上浮，但测试相当成功。法国政府一度起草了合同，在发明者的要求下，合同还插入了一个极其爱国的条款：除非美国先对法国使用鹦鹉螺号，否则法国不得用它对抗美国。但最终，法国海军的保守主义和繁文缛节占了上风。富尔顿的提案被拒绝，他转而去了法国的对手英国推销他的产品。在那里他发现英国的海军上将们同样保守，他的潜艇只得到了上将们的轻蔑。经过令人沮丧的谈判后，他放弃了这家企业，启航前往纽约。

富尔顿的船离开朗角后，另一位发明家敲响了英国保守主义的大门。在苏格兰，一个名叫亚历山大·福赛斯的苏格兰牧师喜欢打猎，但发现他的燧发枪实在不能令人满意。在穿越荒野的狩猎远征中，当火药和弹丸在他瞄准一只肥美的野鸡后总是未能爆炸时，他感到非常愤怒。擅长修补机械装置的他开始尝试用点火方法做实验。很快，他设计出了一种撞针帽，安装在枪的后膛上，虽然结构很原始，但至少在抵抗苏格兰高地的潮湿雾气方面是可行的。

福赛斯看到了它的商业可能性，立刻前往伦敦申请专利。在那里，他遇到了政府兵工厂的负责人莫拉勋爵。莫拉对这项发明感到兴奋，鼓励福赛斯完善它，并在伦敦塔给了他一个房间作为工作室。福赛斯牧师周日在附近的教堂讲道，其他时间则在塔楼的工作台上埋头工作，对撞针帽进行一些出色的改进。但遗憾的是，莫拉辞职后，他的继任者查塔姆勋爵是一个在武器方面因循守旧的人，这位勋爵认为福赛斯的工作除了"无聊的愚蠢"什么也不是。他解雇了福赛斯，并命令他将他的"垃圾"从伦敦塔带走。

可怜的福赛斯成了军事保守主义的受害者，只得带着他的撞针帽和装置退隐。但在他离开之前，拿破仑曾提供给他两万英镑来购买这项发明。和富尔顿一样，爱国主义对这位牧师来说是一项十分重要的原则，他宁愿放弃这笔巨款，也不给"欧洲的疯狗"拿破仑一个通过它赢得战斗的机会。他拒绝了拿破仑的提议并退回到他的教堂。20年后，撞针帽终于被英国政府接受，福赛斯也得到了一笔养老金；但这一切来得太晚，他收到的第一笔款项是在他去世的那天早上到达的。

在这位苏格兰牧师的案例中，武器商人和发明家需要面对的各种障碍都出现了。他们必须通过打猎这样不光彩的方式展示他们产品的有效性，才能吸引部长们的注意。然后，他们必须克服军事界的守旧主义，因为军事界对传统和武器荣誉的抵抗力，就像日本幕府将军一样顽固。最后，爱国主义经常限制他们充分利用他们的商品。

但到了这个时候，工业革命正在全面展开，资本主义正在引入新的标准。毕竟，富尔顿和福赛斯都是发明家而不是武器商人。那么，现在正在变得强大的大公司还会坚持旧的国家荣誉准则吗？爱国主义是否足够强大到可以抵抗一套新的商业准则？

第三章

杜邦：爱国者与火药制造商

> 混合硝石、木炭和硫磺，如果你知道比例，你就能制造出雷电。
>
> ——罗杰·培根《论魔法的虚无》

大约在罗伯特·富尔顿在拿破仑前厅里徘徊的同时，一个名叫埃勒泰尔·伊雷内·杜邦的年轻人移民到了美国。他是一名著名的法国激进知识分子的儿子，像许多同类人一样，杜邦长期以来对大西洋彼岸的新共和国怀有浪漫的爱。报纸上关于新共和国宪法和缔造者的报道，与当时激励法国年轻一代反抗君主制的法国作家们的所有观点都吻合。

杜邦是一个知识分子，但也对商业前景有着敏锐的眼光，在他看来，美国不仅仅是一个政治科学实验室。他的父亲，皮埃尔·杜邦，在一家弗吉尼亚土地公司进行了大量投资；他的兄弟维克多则在纽约与西印度群岛之间进行贸易。很快，年轻的杜邦也在这块富饶之地看到了投资自己相当可观的遗产的机会。

有一天，杜邦与华盛顿麾下的一个法国老兵去打猎。射击的机会如此之多，以至于他不得不额外购买一些火药。但是，他所得到的火药以及他不得不支付的价格让他大开眼界，火药价格昂贵，质量却十分低劣。这件事彻底激发了他的兴趣，他参观了火药厂，研究了价格，并得出结论：美国是一个开办火药生意的好地方。

杜邦在这一领域有一些经验。他接受过优秀的科学教育，在埃松尼专攻化学。当时法国最伟大的化学家，也是法国政府火药制造的监督者拉瓦锡，是他父亲最好的朋友。在父亲的邀请下，拉瓦锡辅导了年轻的杜邦的学习。

在估算了建造一座磨坊和购买原材料的成本之后，杜邦返回法国以获取物资和财务支持。欧洲混乱的政治局势帮助了他，拿破仑正在寻求所有能伤害他最强大的敌人英国的办法，如果年轻的杜邦能在美国成功地建立一个火药厂，向包括美国在内的全世界所有国家销售火药的英国必将受到损害。因此，法兰西第一执政下令给予杜邦所有可能的帮助。政府的规划师为新企业提供策划案，政府的军械库为其制造机器，丰富的资金也随之到来，这份生意的前景似乎一片光明。

因此，在1802年，伟大的第一个美国火药厂以"杜邦·德·尼莫父子公司"（Du Pont de Nemours, Père et Fils et Cie）的名字成立了；后来，企业的主要推动者杜邦将自己的名字写进了公司名，改为埃勒泰尔·伊雷内·杜邦·德·尼莫公司（E. I. Du Pont de Nemours and Company）。这个足够法国化的名字，可以吸引当时在美国盛行的亲法精神。新公司从一开始就蓬勃发展，四年内，磨坊就生产了60万磅火药。而这也证明杜邦的计算是正确的，他和拿破仑一样看到英国的商业，尤其是火药工业，可能受到美国制造业的伤害。他向自己的收养国、最近的祖国、英国的敌人——法国，表现出了浓厚的爱国情怀。

杜邦还拥有着广阔的人脉。在法国，他和他的父亲在为法国大革命铺路的激进哲学圈子里很出名。杜邦父子属于这个团体的右翼，当左翼极端分子占上风时，他们勉强保住了自己的脑袋。在革命的早期，老皮埃尔曾多次担任宪法制定大会的主席和秘书，投票反对处决路易十六，而这也让他在雅各宾党人中失宠。随后，皮埃尔退出了政坛，并专心编辑他的导师图尔戈的作品。温和激进分子的这一无懈可击的标签，对于在美国的对他们有同情心的哲学政治家强大群体来说，是一张强有力的名片。

在这些美国朋友中，托马斯·杰斐逊尤为突出。杜邦指望着他的帮助，而这位总统也没有让他失望。总统给这个年轻的火药商写信说：

"我非常高兴地告诉你，经过认定，向你的企业提出任何可以用于海军或军事部门的产品需求均符合公共利益。目前这还只是私人信息；当他们的需求出现时，你才会通过那些部门的申请正式了解此事。请接受我的友好问候和对你的尊重与敬意的保证，（签名）托马斯·杰斐逊。"

换句话说，杜邦有了"内幕消息"。正如承诺的那样，订单纷至沓来，并且得到了令人满意的完成，以至于杰斐逊专门写信给杜邦赞扬产品的卓越品质——这是他自己在最近的一次狩猎远征中发现的。但是，订单的数量并不像预期的那样大。也许这是一个年轻人缺乏耐心的体现，但杜邦并不满意。虽然有杰斐逊的推荐与背书，但实际负责订购战争物资的还是陆军和海军的部长。尽管陆军部长迪尔本宣称杜邦的火药是最好的，但直到1809年，订单总额只有三万美元。看来迪尔本对和平时期做好战斗准备的印象不够深刻。

1809年之后，情况发生了变化，英国战舰令人恼火的强征美国海员的做法使英美关系变得更加紧张。随着战争脚步的临近，1810年，火药的订单翻了一番又一番。当1812年战争爆发时，杜邦几乎包办了美国所需的所有火药。公司的记录显示，当英国军队攻击华盛顿时，威尔明顿的小工厂连夜将几百桶火药送往华盛顿。这种与政府的联系对杜邦，以及其他许多战争商人来说，是非常有利可图的。

但是，像他的同行一样，杜邦也发现战后的年份是最困难的。订单下降，大量的库存积压让他不堪重负，而他扩大工厂的投入还没有收回来。即便如此，当政府希望杜邦处理大量受损的火药时，杜邦慷慨地以低价接手了。结果，一场可怕的爆炸几乎摧毁了整座工厂。杜邦此时才终于发现：爱国之心原来如此昂贵。

杜邦决心使他的公司完全美国化，这对他来说是一项艰巨的任务，因为新国家缺少资本来源。可就在他返回法国后，他发现他早已声名远播，筹集资金这项任务也变得轻而易举。许多著名和富有的人，包括斯泰尔夫人和塔列朗，都为他的融资做出了贡献。不过，无论感激之情多么浓厚，杜邦都认定这些金钱都是"外国的"，只能在紧急情况下使用。他将努力工作，并尽快偿还。

杜邦带着新的力量返回美国。他重建了他的工厂，使之比以往任何时候都更加高效。现在他将自己的产品卖给任何需要它的人——向西班牙、向西印度群岛，特别是向南美诸共和国，因为这些国家正酝酿着一场反对西班牙的革命。值得注意的是，尽管他非常同情玻利瓦尔的支持者，但他并不反对在这些战争中向双方同时出售武器。这种交易需要信贷支持，而当时他在美国只能获得短期融资。在一封信中杜邦抱怨说，他每周都得骑马奔波 60 英里到银行中心去偿还他的票据。

因此,当1833年的大订单来临时,他立刻就被吸引了。整个1832年,南卡罗来纳州都充斥着叛乱的言论。在那些脾气火爆的种植园主中,萨姆特堡的邦联精神开始萌发了。北方制造商建议征收的进口关税引发了一场风暴,自合众国成立以来,首次出现了严肃的脱离联邦的讨论。

当时事态已经十分严重,在更加大胆的南卡罗来纳领导人中,有些人甚至制定了武装防御的计划。他们向杜邦的一个代理下了一份12.5万磅火药的订单,并提出了一个与那些靠信贷付款的客户完全不同的条件:以2.4万美元现金支付。这是一个极好的清偿债务的机会,但激进教育带来的正直以及他对联邦的热爱占了上风。他希望通过清偿债务成为正式的美国人,但他认为自己不能通过这样的商业方法来实现。他给他的代理写信说:"鉴于这批火药的明显用途,我们认为应该拒绝提供上述任何订单。如果是我们南方的朋友们想要用于和平目的的火药,我们将很乐意为他们服务。"

杜邦认为,仅凭这次拒绝并不能完全尽到他的公民职责。他现在是国会中的公众人物,是美国银行的董事,也是多个致力于国家经济福利的组织的成员。他立刻前往华盛顿,看看是否能在北方工业家和热血种植园主之间进行斡旋。经过长时间的谈判,双方最终达成了妥协,事态平息了。而风暴过后出现的罕见安宁也让他不禁开起了玩笑，在写给那个南方代理的信中，他写道："事情如此和睦地结束，我几乎后悔我们拒绝供应火药了。我们非常乐意将那2.4万美元放在我们的现金储备中，而不是在你们南方的军队中。"

几年后，伊雷内·杜邦去世了，在偿还了他的外债和完成他将公司百分之百美国化的计划之后，他看到了自己梦想的实现。他的继任者阿尔弗雷德比他更加积极。对于国防事业保持警惕的阿尔弗雷德观察到："我们的政治纷争总是这样，除非敌人来到我们的门口，否则我们不会做出适当的防御准备。"这种"备战"的讨论在军火商中并不罕见。同时，"政府所有权"这个词也开始困扰这位早期的战争商人，在讨论1837年一则建议建造政府火药厂的议案时，他以政府花费大量金钱而没有相应节省为由表示反对。

但阿尔弗雷德的真诚在1846年遇到了一个真正的考验，一个比伊雷内在1833年面临的考验要困难得多的考验。墨西哥和美国在里奥格兰德河的冲突引发了战争。通常，在战争初期人们会喊出"支持总统"的口号，但詹姆斯·K.波尔克是坐在总统椅子上最不讨人喜欢的人之一。同时，他是一个南方人，而北方人声称这场战争只不过是一个南方阴谋，旨在将更多奴隶州纳入联邦。

詹姆斯·拉塞尔·洛威尔在《比格洛文集》中的打油诗

开启了这一切：

> 他们只是想要这加利福尼亚
>
> 这样就能把新的奴隶州拉进来
>
> 来虐待你，鄙视你
>
> 并像罪恶一样掠夺你。

丹尼尔·韦伯斯特用他的演讲对这场战争进行了尖刻的批评，还得到了萨姆纳这样的狂热分子的支持。很快，北方报纸在这种"烈性酒"的鼓动下，开始强烈反对波尔克和战争。这是早期美国发动的为数不多的战争之一，美国的敌人受到欢迎。"黑汤姆"科温说，在墨西哥的美国士兵应该进入"好客的坟墓"，随后一整套噩梦般的文学作品涌现出来。一些报纸呼吁欧洲干预。一份报纸在社论中说："如果在美国有一颗怀有美式自由的心，它就应该有加入墨西哥人的冲动。"另一份报纸说："斯科特和泰勒的大军中的每个人都被卷入了另一个世界。这则消息虽然是悲伤的快乐，但毕竟是快乐。"在波士顿和纽约，那个狡猾的墨西哥指挥官圣安娜成了英雄；甚至还有一支由美国人组成的队伍与墨西哥军队一起作战。

在这样的背景下，作为坚定的辉格党人和反奴隶制支持者的杜邦，即便战争给他带来了政府的火药订单，他也很难对这场战争产生多少热情。宣战几周后，杜邦收到了来自哈瓦那的一个奇怪订单，订购20万磅火药。这显然来自墨西哥方面，它为这位火药制造商提供了一个绝佳的机会，来帮助"可怜的墨西哥"并对他极其憎恶的奴隶制阴谋进行打击。但是，在废奴主义期刊攻击美国的"迫害"和到处都有杰出人物敦促不合作甚至帮助敌人的情况下，杜邦断然拒绝履行订单。

很快，诱惑又一次到来了，这次他们隐藏得更加巧妙。一名西班牙人和一名法国人向杜邦公司下了同样数量的订单，他们声称这批货物并非运往墨西哥，并且特别提供了两家美国公司的推荐信。但在调查后，杜邦还是发现了背后的真相。他拒绝道："无论我们的行为有多不公正，侵犯墨西哥领土有多令人羞耻，我们都不能制造用来对抗我们自己国家的火药。"

战争结束后，爱国主义之神通过避免让他遭受武器制造商经常遭遇的战后萧条的困扰来奖赏杜邦，因为西部正在扩张。在俄亥俄州和印第安纳州，农民们正在勤奋地清理林地，而强效的杜邦火药正适合用来拔除树桩。这是铁路建设的第一个时代，火药对铁路承包商来说是必需品。同时，威廉·阿斯特及他的俄勒冈皮草公司也需要火药在西北部打猎，而矿业也开始发展。

此时的杜邦不再需要战争了，但神明微笑着给了他一个。1854年,英国、法国、土耳其和其他国家与俄罗斯开战,克里米亚的枪支需要火药。英国已耗尽了自己的库存,他们被迫转向杜邦,而俄罗斯也向威尔明顿的工厂发送了订单。杜邦同时满足了这两方,毕竟,他像当时的其他美国人一样,对那场遥远斗争的任何一方都没有特别的情感。从布兰迪瓦河畔那家朴素的小工厂中,运往世界各个角落的"黑色死神"装运出发了。

在内战前的这些日子里,几座粗糙的建筑组成了工作坊、实验室和干燥房。几百名法国革命士兵的后代像农奴一样为这个中世纪领主家族服务,公司总裁的办公室设在场地上的一间简陋小屋里,这是杜邦家族根深蒂固的法国保守主义精神的体现。老杜邦拒绝雇用速记员——这与现在连秘书都有自己的秘书的"时尚"大相径庭。为了坚守旧传统,他拒绝通过铁路发送他的产品,即便是远距离的运输也要长队的骡子来完成。

杜邦,像当时的英国和普鲁士的军事传统主义者一样,拒绝了火棉,虽然最后他还是接受了。实际上,他并没有屈服于这些新事物的理由,也没有强烈的必要随着变化而变化,因为他的自然保守性得到了当时落后经济体系中的主导地位的支持。政府不得不带着订单来找他。对他来说,是否销售战争材料并不重要。火药生意的竞争并不激烈。西部的开发需要如此多的狩猎和爆破火药,因此他并不在乎大炮是否开火。

在美国内战期间,杜邦再次成为爱国者——至少是北方的爱国者。萨姆特堡陷落两天后,当南方分裂主义者带着巨额资金向这位战争商人寻求补给时,杜邦写信给他在里士满的代理人:"关于科尔·迪莫克的订单,我们想说的是,自从查尔斯顿战争爆发以来,国家一直处在危急之中,新的局面已经出现。假设弗吉尼亚州将在这一重大紧急情况下履行他的全部职责,并忠于联邦,我们将准备火药;但如果普遍的期望落空,弗吉尼亚州不幸地采取了对美国敌对的态度,我们将不再有履行订单的义务。"自然,战争给杜邦带来了大量订单,使他成为北方政府的支柱。

内战使杜邦与政府之间形成了实质上的伙伴关系。战争结束后,这种关系成功地持续下去。现在,杜邦在研发新型火药上开始与政府进行紧密合作。1873年,他获得了一种新型的六角形火药及其压缩机的专利。政府对该种火药进行了测试,大获成功。英国人闻讯赶来,立即下了一份2000磅火药的订单,杜邦则毫不犹豫地履行了订单。这可能是因为杜邦希望获得更多英国的订单,他推测英国打算将六角形火药与一种"类似的火药"进行比较,而那种火药每磅要贵9美分。

1889年,政府利用杜邦获得了某些更先进的欧洲火药。当时,比利时人和德国人的棕色棱柱形火药和无烟火药被认为比美国产品更好。在政府的敦促下，阿尔弗雷德·杜邦前往国外购买在美国制造这些火药的授权，尤金·杜邦则前往欧洲学习制造方法。

与政府密切合作成为杜邦的常规做法。1899年，政府在印第安纳建立了一家无烟火药厂，一名国会议员说："杜邦公司以一切可能的方式协助美国官员……做了一切可能的事情来使这个项目成功。"随后，国会又拨款16.7万美元在新泽西州建造另一家火药厂。这名国会议员说："杜邦公司不仅允许政府官员自由进入其所有工厂，还将工厂蓝图交给他们，因此当工厂建成时，它代表了每一个现代特征。"

1896年，杜邦遇到了一个奇怪的问题。不知何故，人们开始不愿意使用黑色或棕色火药进行杀伤和爆破。于是，杜邦生产了13种不同颜色的无烟火药，来满足顾客的需求。以下是关于此事的一封信：

"我们几乎可以将火药染成任何所需的颜色。我们给您寄去了一个装有13种无烟火药的盒子——这些都是市场上在售的产品，您可以自由选择颜色。……我们还给您寄去了一些装有不同颜色的杜邦火药的小瓶子。有些颜色非常漂亮。如果您不喜欢这些颜色，我们还可以提供其他颜色，保证您会满意。"

19世纪的最后几十年见证了美国商界强大的联合企业

和托拉斯的形成，在时代的推动，特别是南北战争的推动下，杜邦也顺理成章地从一个简单的火药公司转变为一个跨国联合巨头。政府的订单如此庞大，以至于市场上的火药供应成了整个行业的负担。当战后政府以极低的价格销售其剩余库存后，火药行业迅速崩盘。但杜邦明白，抱怨是无济于事的，他必须立刻采取行动。

从1872年开始，杜邦公司开始着手改变现状，逐渐为行业带来了"秩序"。到1907年，它不仅在该领域占据了至高无上的地位，而且在实际上已经通过指导、控制或收购统一了全国所有的火药公司。这是一个漫长的故事，威廉·S.史蒂文斯在《火药托拉斯，1872—1912》中详细讲述了这一过程。

这一过程始于一系列的价格统一安排。此前，行业处于混乱状态，一桶通常售价为6.25美元的步枪火药一度降到了2.25美元。1872年，七家最大的火药公司组成了美国火药贸易协会，立即为火药定下了最低价格。那些不愿加入协会的独立公司被有组织的低价倾销逼到了绝境。此后，在一系列并购下，其他公司被纳入了限价的行列。

当一切似乎都在掌控之中时，另一个威胁突然出现。欧洲人通过在新泽西州詹姆斯堡建立一家工厂的方式进入美国市场，主要涉及的公司包括科隆的联合科隆—罗特韦勒火药厂和伦敦的诺贝尔炸药公司。这一威胁以当时特有的方式得到了应对。1897 年，两个集团——欧洲和美国签署了一项协议，其中三点内容值得我们特别关注：

任一集团不得在对方领土上建厂；

如果任一方的政府向外国火药制造商寻求报价，该外国制造商有义务确定对方工厂的报价，并且不得提供低于该价格的报价；

在高爆炸药的销售上，世界被划分为四个销售区域。美国及其海外领土、中美洲、哥伦比亚和委内瑞拉是美国火药制造商的领地；世界其他地区（美洲以外）是欧洲人的活动场所。某些区域将允许自由竞争。

在消除了欧洲的威胁后，杜邦开始寻求彻底控制美国市场的方法。其手段残酷而无情。从 1903 年到 1907 年，100 个竞争对手被收购，其中 64 家在收购后被迅速关闭。这一行动显著减少了市场上的竞争者，剩余的公司要么成了杜邦的子公司，要么成了其合作伙伴。这个淘汰过程有多无情，可以从本书的主角之一——希拉姆·马克沁的描述中看出。他写道："凤凰公司试图在火药业务上与杜邦对抗。他们就像那头试图与火车头对抗的小公牛一样愚蠢，下场也和那头小公牛一样。"

到 1905 年，杜邦已控制了所有政府的军用火药订单，这是其垄断力量的明显证据。在确立了垄断地位之后，杜邦又进一步统一了全国的火药价格。此前，价格是要根据区域而定的，在东部、西部和南部的价格各不相同。现在，杜邦确立了全国统一定价，不得有任何偏差。

大约在这个时候，杜邦遇到了另一个障碍。1890年，联邦政府通过了《谢尔曼反垄断法》，到了1907年，政府开始审查杜邦的活动，并指控其存在垄断行为。尽管政府希望恢复杜邦开始其垄断活动之前的市场状态，但杜邦早已通过并购几乎消灭了所有竞争对手，使得这一目标难以实现。最终，通过诉讼，政府迫使杜邦分拆了部分业务，形成两个大型独立公司。

在第一次世界大战期间，杜邦为协约国提供了40%的火药，1917年后，它每年都能接到来自美国政府的巨额订单。到20世纪30年代，杜邦公司在联邦的22个州拥有并运营着60多家工厂。5个研究实验室和超过850名化学家、工程师取代了个人发明家的位置；每年，它还提供20个研究奖学金名额。它生产多种产品，包括化学品、油漆、清漆、橡胶制品、赛璐珞、人造丝以及无数其他产品；尽管如此，杜邦仍然是美国最大、最重要的火药制造商。值得注意的是，根据公司自己的数据，只有2%的总制造产品是军用产品。

在特拉华州，杜邦公司的影响力无处不在。它"拥有"

特拉华州，该州的三家日报都受其控制；在威尔明顿市，杜邦企业、医院、基金会和福利机构遍布各处，彰显着这个火药制造商王朝的巨大影响力。

这种像大封建领主对他的封地那样的控制，总体上满足了杜邦家族。他们从未在国家政治中寻求显赫地位，尽管家族成员十分偶然地成了美国参议员。他们与政府的关系一直非常密切，这既是因为政府，也是因为杜邦家族。自公司成立之初，政府对狩猎和爆破火药的需求就推动了杜邦的发展；随着公司业务的多元化，杜邦不再依赖战争即可确保其繁荣。无论是在和平时期还是在战争时期，只要政府需要杜邦的帮助，公司都准备合作，这种合作通常都能为杜邦带来可观的利润。

杜邦有能力坚持自己的理想；他可以沉溺于有时代价昂贵的爱国主义情怀，因为他的地位如此稳固。但还有其他商人，他们的地位不那么稳固，也不那么有原则。

第四章

美国的火枪手们：柯尔特、温彻斯特、雷明顿

> 美国佬打败了所有对手。他们似乎能做到任何事。
> ——沃尔斯利勋爵对希拉姆·马克沁说

美国不仅制造了出色的火药，还生产了先进的小型武器。内战的结束极大地影响了美国武器制造商，国内市场需求几乎消失促使他们寻求销售活动的新方向。面对大型工厂、大量人员和库存积压，武器制造商不得不寻求开辟国外市场。同时，一些二手武器商在小国中感受到了压力，他们发现有必要寻找大国的军械部门。但扩张的最大推动力还是全球市场对美国小型武器的高需求。

当时，三大美国制造商——柯尔特、温彻斯特和雷明顿的产品已经世界闻名。早在1851年，在伦敦世界博览会上，美国步枪就引起了轰动，并获得了奖牌。英国派出委员会到美国研究批量生产方法，而美国人也欣然且自豪地

引导他们参观了各种兵工厂。这种好客立即得到了大量订单作为回报。在1855—1870年间，以下政府购买了美国用于制造步枪和手枪的机器，包括但不限于英国、俄罗斯、普鲁士等国家。随后几年，包括日本、阿根廷、智利、秘鲁和墨西哥在内的其他国家也跟进了。

这一美国工业分支变得越来越重要，以至于美国政府发布了一份《火器和弹药制造报告》，该报告由查尔斯·H. 菲奇起草。报告详细描述了用于制造小型武器的美国机器，并附有图纸，记录了当时美国拥有38家小型武器制造厂和5家为这些武器制造弹药的工厂。

这种兴盛是有其背后原因的。19世纪初，棉花纺织机的发明者伊莱·惠特尼将他的注意力转向了步枪制造。他告诉杰斐逊，他将设计一种生产方式，使任何部件都按照固定的标准制造，一个部件坏了就能立刻找到另外的替换部件。尽管军官们最初对他的想法嗤之以鼻，惠特尼仍然坚持下去，他建立了一个工作室，证明了标准部件的实际价值。1812年的战争中，惠特尼的火枪得到了使用，并为美国带来了巨大的胜利。如今，惠特尼的生产原则已被广泛地应用于现代工业，奠定了大规模生产时代的基础。

塞缪尔·柯尔特是最早发展惠特尼想法的人之一。他从小就对武器商人的生意充满了兴趣。他被富尔顿试图向法国和英国政府出售潜艇和鱼雷的故事深深吸引，而且他还有发明的天赋。他完善了一种鱼雷，虽然这种鱼雷令泰勒总统感到惊讶，却未能打动战争部的传统主义者，他们没有采取任何措施来帮助其发展。看起来，柯尔特早期的一些挣扎与富尔顿的经历有着某种相似之处。

然而，给予他希望的并不是鱼雷，而是现代第一支左轮手枪。在19世纪之前，人们已经制造了许多转轮手枪，但它们都受到了发射装置和整体的笨重构造的限制。但在柯尔特开始研究手枪时，撞针帽已经投入使用了。1835年，柯尔特为他的第一支左轮手枪申请了专利。他在新泽西州帕特森建立了一个工厂，启动资本为25万美元，并向战争部提交了他的产品。

柯尔特在一个由军官组成的委员会面前进行了试验。结果，军官们一致报告称这些武器"完全不适合军事服务的一般用途"。但柯尔特不会因这些保守分子的迟钝而气馁。他对武器进行了进一步的改进，并亲自带着它前往佛罗里达，美国正在那里与塞米诺尔印第安人进行游击战。在那里，他成功吸引了许多军官的兴趣，军官们也做出了积极的评价，但这些评价还不足以使战争部改变其决定。

柯尔特的公司在1842年破产了，成了军事保守主义的牺牲品。但与此同时，这些执行官不知道的是，左轮手枪在德克萨斯取得了巨大成功。那里的战斗环境需要比当时使用的缓慢射击的火枪更好的武器。为了与能够使用套索的狡猾的印第安人和墨西哥人进行马背战斗，美军需要一种可以在马鞍上快速射击的武器。沃克上校和其他组成德州游骑兵的胆大妄为者很快就发现，新型左轮手枪在这种战争中是一种无价的、不可或缺的武器。事实上，征服大平原的历史在很大程度上就是柯尔特左轮手枪的历史。在19世纪40年代早期，左轮手枪的售价高达每把200美元。面对这样的现实，不知道柯尔特在回忆起自己以25美元一把的价格将左轮手枪向战争部兜售时，已经破产的他会作何感想？

幸好，美墨战争逆转了柯尔特的命运。扎卡里·泰勒将军发现他的侦察兵——德州游骑兵表现十分优秀，其中一个原因就是他们使用了左轮手枪。因此，他向战争部提出了迫切的要求，要求大量订购柯尔特左轮手枪。战争部给了柯尔特一份1000把左轮手枪的订单，价格为2.4万美元，而这位发明家立即在康涅狄格州启动了另一家工厂来完成订单。据说，当时柯尔特甚至连一把作为样品的手枪都找不到，因为西南部的需求量太大了。此后，柯尔特的财富就得到了确立。

柯尔特采用了惠特尼的标准化制造系统，通过机器批量制造左轮手枪和卡宾枪；他的产品不仅制作精细，而且标准统一，特别是其部件可互换的特性，突破了传统手工制造武器的局限。很快，他就有了一笔不错的生意：向全国各地的左轮手枪用户发送扳机、瞄准器、枪管、主弹簧等配件，供他们修理武器。这种革命性的做法在当时的欧洲几乎是闻所未闻的，这可以从英国委员会调查小型武器制造状况的会议记录中看出。柯尔特在伦敦建立了一家工厂，他对自己制造工艺的优越性的坚定看法给英国人留下了深刻印象。以下是关于当时欧洲小型武器制造情况的记录：

调查员：您认为您通过机械制造的手枪比手工劳动制造的更好吗？

柯尔特上校：当然。

调查员：也更便宜吗？

柯尔特上校：便宜得多。

柯尔特变得极其富有，他的大部分业务来自国外。他将武器卖给了沙皇，克里米亚战争的双方都使用了他的武器。他在康涅狄格州的家，恰如其分地命名为 Armsmear（武器之地），里面摆满了镶有宝石的鼻烟盒、钻石、纪念盘和来自俄罗斯沙皇、土耳其苏丹、暹罗国王、加里波第和路易·科苏特等君主和领袖的其他礼物。

温彻斯特步枪也因美国的标准化生产过程而受益。温彻斯特以其遍布全世界和积极进取的销售员而著称。尤其是温彻斯特生产的连发步枪，在 19 世纪 60 年代时，这种步枪几乎被认为是一种新奇迹，以至于非洲的阿拉伯部落也会向二手武器商要求要温彻斯特步枪。如果二手武器商手里的货不能满足需求，他们甚至会在枪上伪造温彻斯特的商标，以满足他们的顾客。

温彻斯特还能讲述其他的胜利。在 19 世纪 60 年代，墨西哥成为法国帝国主义野心的舞台。拿破仑三世将马克西米连及其忠诚的王后卡洛塔安置在墨西哥王位上，但墨西哥人拒绝接受外国侵略及其安插的新君主。

反抗的领导人之一是墨西哥前总统唐·贝尼托·胡亚雷斯。胡亚雷斯听说了温彻斯特那神奇的连发步枪，立即下单购买这些凝聚了美国智慧的新产品。温彻斯特公司当然愿意接这个订单，但希望在交货前确保能收到钱。

随后，一位非凡的世界级销售员，"上校"汤姆·阿迪斯，带着 1000 支步枪和 50 万发弹药，来到了位于美墨边境的德克萨斯州布朗斯维尔。他在这里等待了两个月，直到胡亚雷斯下令将军火运到蒙特雷。

阿迪斯用牛车队行进了 240 英里后，将箱子放在一个储藏室里，并用美国国旗覆盖它们。在四个多月的时间里，胡亚雷斯一直尝试获得这些武器，承诺稍后就会支付货款，而阿迪斯坚持现金支付。与此同时，马克西米连听说了蒙特雷有一批温彻斯特枪，便疯狂地想要获取它们。得到消息的阿迪斯立刻向胡亚雷斯发出通知：除非立即收到付款，否则他会将武器卖给马克西米连。很快,军队送来了一桶桶散装的银币,胡亚雷斯也最终如愿获得了他的武器。

对于勇敢的阿迪斯来说,还有另一个大问题:如何将他的银币桶运回公司。他将银币装入一辆旧驿马车中,朝着美国边境北上。但刚离开蒙特雷不久,他就停下马车,将他的墨西哥驾驶员绑了起来,并扔到后座上,脖子上套着绳圈。然后阿迪斯离开了公路,因为他怀疑那里会有伏击,于是他沿着一条废弃的老路急速返回美国。在他离开温彻斯特工厂九个月后,银币桶安全地抵达了布朗斯维尔。而获得武器的胡亚雷斯也在几年后成功推翻了马克西米连。

达灵顿在讲述这个故事时,曾做出过一些很有趣的评论:

"这不仅仅是一则在职责范围内冒险的故事。它某种程度上暗示了,在内战结束后不久,坚韧的工业传教士们就已经开始将美国商业的福音传播到海外市场。"

1816年,年轻的美国边疆少年埃利法勒特·雷明顿恳求他的父亲为他买一支步枪。其他所有的孩子都有步枪,他也想要一支。附近的树林非常适合狩猎,埃利法勒特一直向往那里。但是,爸爸拒绝了他。

这次拒绝改变了历史。年轻的埃利法勒特立刻自己动手,制造了一支步枪,还带到邻近的镇上进行了镗刻。很快,他的邻居也发现他拥有了一件出色的狩猎工具。在不知不觉中，这个少年就成了美国最早的枪械制造者之一。在这则简单而不起眼的故事中，美国对战争之神的军械库的一项杰出贡献就此诞生。

1828年，年轻的雷明顿的生意已经做得越来越大，他不得不搬到一块更大的场地。墨西哥战争爆发时，他接下了一笔政府的步枪订单。此后，内战的爆发使雷明顿步枪的需求增加到了公司不得不日夜加班的程度。结果，雷明顿因劳累过度，早早离开了人世。

公司则继续运营着。当战争订单停止时，公司几近破产。对此，雷明顿公司官方历史中的一个标题"和平与灾难"生动地体现了这家武器制造商的态度。不过，如果和平意味着公司的灾难，那么它也给了公司一个重要的教训：一个生产的步枪数量超过猎人或本国政府购买能力的公司，必须要开辟国外市场。

这段过往清楚地展示了一个道德教训，其含义立即为人所接受。现在，雷明顿的大儿子派了一个兄弟作为销售代理人出国，并长期驻留海外。由于雷明顿步枪的优异性能，订单开始涌入。1867年，美国海军订购了1.2万支，西班牙订购了8.5万支。1868年，瑞典订购了3万支，埃及订购了5万支。生意显然在回暖，在接下来的几年里，订单纷至沓来，交付的步枪包括：给法国的14.5万支；给纽约州的2.1万支；给波多黎各的1万支；给古巴的8.9万支；给西班牙的13万支；给埃及的5.5万支；给墨西哥的5万支；以及给智利的1.2万支。

当然，公司并非一帆风顺。普鲁士曾准备下单购买2万支步枪，普鲁士国王还亲自到射击场试枪。在射击场，国王将枪托抵在肩上，瞄准，按下扳机——然后什么也没发生。他厌恶地扔掉了枪，并取消了订单。后来的检查显示，那支枪里装的是有问题的弹药。

在土耳其也发生了一次挫折。土耳其人准备为整个土耳其军队配备大约40万支雷明顿步枪。不过，和其他国家一样，军队订单只有在适当的人被"看见"后才会下达。用俗话来说，这叫做"贿赂"；土耳其人称之为"版税"。面对极其高昂的"版税"，雷明顿选择拒绝订单。

这种要求支付"版税"的情形不仅在土耳其出现，还在其他国家重演。每当巨额订单即将签订之际，总有人强烈暗示需要先支付所谓"版税"。而雷明顿总是拒绝。此后，外国订单迅速减少。与此同时，外国开始建造自己的步枪工厂，装备美国机械，使得雷明顿的外国业务进一步下滑。面对缩减产量或多样化其制造产品的两难选择，雷明顿采取了后者。打字机、缝纫机和农业工具被加进雷明顿制造的产品列表中，公司开始重新崛起。

雷明顿公司历史上的另一个重要事件是与联合金属弹药公司（U.M.C.）的合并。一家在纽约州伊利翁生产步枪和手枪的工厂，和在康涅狄格州布里奇波特生产弹药的另一家工厂，构成了一次极佳的商业合作。弹药工厂为购买步枪的人提供弹药，而打字机、缝纫机和农业工具为和平时期的活动创造了稳固的基础。

一旦销售曲线出现任何下滑，雷明顿的销售员便会立刻行动起来，积极争夺订单，哪怕这意味着前往世界上最偏远的角落。商业侦查员报告说，在中国可能会有订单。他们听说，穿着西装的代理人可能不受中国人欢迎，许多中国人讨厌"洋鬼子"。好吧，那很容易解决。于是，一名代理人换上了中国服饰，前往北京，成功赢得了李鸿章的信任，他为中国军队订购了步枪。随后，他们制作了一份中文目录，并获得了更多订单。

事实上，中国人比法国人更具进步性。当雷明顿-李连发步枪出现在市场上时，中国是最早购买它们的国家之一。不久之后，他们在战场上遇到了法国人，中国的进步主义战胜了法国的保守主义。在19世纪80年代的中法战争中，装备有克罗帕切克枪的法国人被装备有雷明顿-李枪的中国人三次击退。美国制造的枪支可以在几秒钟内重新装填，而法国人的枪支需要更长时间——这使得后者在装弹间隙无法抵御敌人。

在俄土战争（1877—1878年）期间，两个交战方都向雷明顿公司下了订单。土耳其的2.1亿发弹药订单是近年来美国接到的最大订单。在这里，我们必须要请出官方历史学家来讲述故事的其余部分："然后俄罗斯和土耳其决定开战。两国都光顾了布里奇波特工厂。随后一个奇怪的情况出现了：一家工厂每天生产成千上万发子弹，供交战双方在致命的战斗中互相射击。两国都在工厂派驻了他们的检查员，这些官员在检查将要在东南欧空中造成噪音和破坏的死亡小信使时，总是以正式的礼貌对待对方。"

与此同时，公司在古巴也看到了商业前景。这个岛屿正反抗残酷的西班牙统治者。革命者们知道哪些步枪和弹药能满足要求，因此他们选择了雷明顿。西班牙人也试图给雷明顿下订单，但那时的雷明顿正忙着俄罗斯的订单。俄罗斯人会阻碍西班牙人，坚持优先完成他们的订单吗？西班牙人会允许这样一场不公平的战争吗，在这场战争中，一方装备有雷明顿步枪和弹药，而另一方没有？后来，俄罗斯人找到了一个解决办法：戈洛夫将军取消了一大批弹药订单。这些弹药本身并没有问题，取消订单实际上是将弹药让给西班牙人。这样就避免了一场看似完全不公平的冲突。相信每一个理智的人都会同意雷明顿编年史作者的评论："西班牙获得这批货物是件好事，因为（古巴）起义者们已经得到了雷明顿步枪和 U.M.C. 弹药。"

雷明顿在南美洲——战争和革命的大陆——也早已声名远播。有时拉丁诸共和国之间会互相作战，有时他们忙于一场毫无意义的叛乱，叛乱中的反对派试图成为执政派。有时外国战争和内部叛乱会同时发生。甚至还有这样一个奇怪的案例：哥伦比亚和委内瑞拉两国彼此交战时，两国内部还都进行着单独的叛乱；所有四个交战团体都使用雷明顿步枪发射 UMC 子弹。

雷明顿在销售方面取得的最大成就还是普法战争。法国迫切需要各种武器和弹药，他们指定雷明顿为他们在美国的代理，并承诺提供首个订单 5%、后续 2.5% 的佣金。雷明顿立即开始工作。为了迅速准备好他们需要的武器，雷明顿决定通过美国政府获取它们。南北战争结束几年后，国会通过了授权出售所有"损坏"武器的法案。这是雷明顿的机会。

雷明顿没有以自己的名义行事，而是指定托马斯·理查森作为他的代理，与政府官员进行谈判。理查森看上了美国陆军保存的大量 1866 年制造的斯普林菲尔德后装枪，巧合的是，负责的军械官员立即准备出售这些步枪。大约 3.7 万支被从全国各地召回。军队从士兵手中取回了它们，并送往纽约军械库，经过一些小修后，它们被装箱准备运往法国。

然而，雷明顿还希望为这些步枪配备相应的弹药。他与官员讨价还价，提出只有配好子弹，他才会购买这些步枪。现在，军队手头只有 300 万发子弹，这远远不够。他将如何获得其余的子弹？军械官员爽快地为他解决了问题：他们下令在弗兰克福德的政府军械库制造更多子弹。最终，雷明顿从政府获得了1700万发子弹，其中大部分是专门为这个订单制造的。因此，美国政府自身就在向战争的一方销售并为之制造军火，这是对中立立场的严重违背。国际法一直承认中立国的私人公司有权向任何和所有交战方销售战争军火，当然这受到禁运法律和被捕获时没收的危险的约束。但是对于一个中立政府来说，这是一种不中立的行为。

雷明顿对他的成功感到十分兴奋。他向海军提出，海军有九挺状况良好的加特林机枪，假设从现在起雷明顿能够在六个月内免费获得九挺新的加特林机枪，海军能否将这九挺机枪卖给雷明顿？海军很爽快地同意了。随后，这九挺机枪被送往法国；雷明顿为获得这些加特林机枪支付给政府1.4万美元作为保证金；同时，柯尔特公司也获得了制造这些机枪的订单，工期六个月。

然而，雷明顿仍然不满足。官员们如此配合，佣金收入可观，而政府军械库里还有很多武器。正巧，海军正在斯普林菲尔德兵工厂制造一万支步枪。当这批步枪还未完全制造完成时，雷明顿的一名代理突然向海军办公室报告，称新枪存在"缺陷"。随后，一名检查员立即前往兵工厂，报告称雷明顿是对的；但实际上，这些枪并非真的"有缺陷"，而是制造尚未完成。由于这批武器"有缺陷"，这些新的步枪根据国会的规定可以出售。于是，雷明顿立刻给出了报价，然后顺利得到了这批步枪。等订单完成后，法国很快就收到了一万支步枪。

世上没有不透风的墙，德国人很快就得知了此事，但他们什么也没做。战争对他们有利，俾斯麦开玩笑地说，在卢瓦尔河上收集这些美国武器并不是什么难事。德裔美国人则对此事做出抗议，在他们的要求下，参议员派出一个委员会调查此事。由于委员会的成员卡尔·舒尔茨是德裔美国人，并且他提供了揭露案件真实情况的所有重要证人，很快，他就被指控了种种不忠行为，甚至被指控与德国间谍有情报往来。随后，委员会出具报告，证明军械官员的行为是正当的，事情似乎就此结束。

然而，卡尔·舒尔茨不甘心坐以待毙。在参议院，他发表了一场备受瞩目的演讲，彻底批驳了整个委员会报告。委员会多数派的软弱回应彻底失败，舒尔茨成功地讲述了所有事实，并将它们定性为对一个友好国家的不中立行为。甚至在1928年，仍有国会议员在他们的演说中提及舒尔茨的这次演讲。

这些充满活力的销售壮举在巴黎围城期间达到了高潮。现在即将完全胜利的德国人，已经在法国首都周围筑起了铁壁防线，而法国的防御组织极为混乱；法国需要枪支和弹药，不仅是为了抵御围攻，还为了武装各地区仍在作战的各个军队。因此，雷明顿派出一名销售代表在现场一事并不令人惊讶。他们的代理人 W. W. 雷诺兹正被围困在巴黎。

对他来说，这确实是正确的地点和时间，因为他从绝望的政府那里获得了一份大订单。但他怎样才能穿过德军前线下单呢？恰逢此时，新政府的热情领袖甘必大获得了一只热气球，计划借此逃脱并在全国其他地区激发人民的斗志。雷诺兹也找到了另一只热气球，两人安全地越过了德军前线，并签下了订单。

柯尔特、温彻斯特和雷明顿展示了工业革命在武器工业中的重要性。机器制造的步枪和手枪，以及它们可更换的部件，注定要超越那些由高度熟练的工匠手工打造的精品。所有能负担得起这种新型死亡机器及其技术的国家，都将这些代表美国智慧的结晶装备到了他们的军队中。

最初，由于这些"结晶"还很昂贵，并非所有国家的战争部门都有足够的预算去跟上新时代的脚步。但很快，这一问题也得到了解决。技术的不断改进导致了高淘汰率，而较富裕国家淘汰的武器便找到了进入较贫穷国家的通路。这种特殊交易的组织和开发被留给了武器商人的一个独立分支。

附 记

大约在1880年，美国政府准备跟随其他大国的步伐，开始建造装甲战舰。当时，尽管美国国内尚无装甲板工厂，但钢铁行业领袖已经意识到时代的发展趋势。随后伯利恒钢铁公司立即派代表前往欧洲，特别是研究英国和法国的装甲板工厂和炮管锻造厂。不久之后，伯利恒钢铁抓住了一个机会，获得了惠特沃斯和施耐德"在本国专有使用他们制造装甲板和炮管工艺的许可证"。随后，华盛顿方面确认了伯利恒的专利权。这一事件标志着美国装甲工业的诞生。很快，卡内基和米德韦尔也加入了伯利恒的行列，美国装甲板行业三巨头的格局就此形成。

1886年，海军发布了国内装甲板和炮钢的招标广告。1887年，伯利恒准备就绪，接手了第一批政府订单。两年后，一种新工艺，即所谓哈维装甲被引入。1894年，克虏伯生产了著名的装甲板，据欧洲的海军武器工程师测试显示，该装甲比哈维装甲先进20—30个百分点。伯利恒和卡内基获得了该新装甲在美国的独家生产授权，并为此支付了昂贵的许可费用，以及每吨45—50美元的额外费用。美国专家被立即派往埃森的克虏伯工厂学习新工艺。

建立了制造装甲板的所有设施后，伯利恒和卡内基立即寻求外国市场。伯利恒发行了三种语言版本的目录——

英语、法语和西班牙语,以宣传其炮钢、弹药和装甲板。他们还特意起了法语和西班牙语名字,"Compagnie des Aciéries de Bethlehem" 和 "Compañía de Acero de Bethlehem",为自己换上了法式和西班牙式的华丽外衣。

来自国外的订单确实到来了。伯利恒和卡内基都为他们的俄罗斯订单感到自豪,他们展示了为俄罗斯战舰制造的装甲板的图片,这些装甲板使用了克虏伯的专利,在宾夕法尼亚州制造。在1916年的机动炮兵材料目录中,伯利恒记录道:"伯利恒钢铁公司已经为世界上几乎每个国家提供了军械材料。最近的购买者包括美国、俄罗斯、希腊、意大利、英国、法国、阿根廷、智利、古巴和危地马拉。"

有了这样的背景,我们就不难理解卡内基"劣质"装甲板的故事了。1893年9月,匹兹堡律师詹姆斯·H.史密斯向海军部提交证据,表明卡内基-菲普斯公司在为政府制造装甲板的过程中存在欺诈行为。根据当时的一个特殊的政府习惯,海军部长同意将政府可能从卡内基公司回收的全部金额的25%付给告密者作为报酬。

随后,政府在卡内基的工厂进行了严格的检查,揭露了在制造装甲板过程中的系统性欺诈行为。显然,装甲板的制造过程并非总是成功。钢材经常会出现瑕疵或缺陷,使其不适用于装甲板。因此,政府检查员总是在场,淘汰明显有缺陷的钢材,并从每组中选择一块进行特殊的弹道测试。

在卡内基的工厂，这些测试板在政府检查员不知情的情况下，夜间被重新退火和回火，以提高其质量和坚韧性。随后他们伪造了关于每块板加热和退火的时间长度的报告，导致政府以常规价格收到了一定数量的劣质装甲板。据指控，这一系列欺诈操作是在主管"微笑的查理"（查尔斯·M. 施瓦布）、科里和克莱因的指导下进行的。

经广泛调查，政府委员会支持了所有指控，并建议将罚款定为所交付装甲板成本的 15%，即 28.8 万美元。卡内基董事长弗里克在海军部承认了大部分指控，与此同时，所有关于这则"丑闻"的消息都从媒体上消失了。

1893 年 12 月 20 日，卡内基访问了白宫，并与克利夫兰总统进行了长时间的会谈。会谈后他告诉记者，他与总统讨论了关税问题。三周后，即 1894 年 1 月 10 日，总统给海军部长写了一封信，回顾了整个案件。他认为公司犯有"违规行为"，政府有权获得赔偿，但他认为所处的罚款过重，10% 就足够了。因此，卡内基 - 菲普斯公司支付了 140484.94 美元的罚款。

总统并没有将他的看法分享给其他海军官员或调查委员会。但后来，这一故事还是被曝光了，国会开始处理此事，并出具了一份严厉的报告谴责卡内基。随后就是旷日持久的争论。克利夫兰总统的支持者指责委员会的调查是出于政治目的，因为工厂的工人在奖金制度的影响下总是会根据自己的灵感来生产产品。对于其他人来说，这一事件则是武器制造商牟取暴利的又一个例子。

第五章

二手死亡——二手武器贩子

"战争,"马基雅维利说,"应该是王的唯一研究对象。"而他所说的王,意味着各种形式的国家,无论其构成如何。这位伟大的政治学家说:"他应该只将和平视为喘息的时间,这给了他设计和提供执行军事计划的能力。"

——伯克《自然社会的辩护》

二手枪的市场显然比二手汽车的市场更好。事实上,旧枪比旧车有一个明显的优势:它的使用寿命更长。因此,人们对旧枪有着持续的需求和持久的使用。

只要枪能准确射击,即便它们过时了,仍会被人们使用。1903年,国家博物馆的乔治·C.梅纳德写道:"许多旧式军用前装滑膛枪,带有36英寸长的枪管,仍然被全国各地的猎人持续使用。尽管它们与最新最先进的枪械无法比拟,但仍然能发挥有效的作用。许多乡下人永远不敢

（也买不起）使用无烟粉弹仓枪，而是坚持使用他的旧军用步枪，用瓶子携带火药，用破布包着铅弹。当他去打猎时，他的家人很少会对能有兔肉派的晚餐失望。在离首都不到20英里的马里兰州的一个县里，至少有1000支单管前装枪在使用中。"

除了狩猎，旧枪还有许多用途。每场大战都会让以前被淘汰的步枪和枪支重新投入使用，有些用于实战，有些用于训练。

事实不仅如此，"落后"国家总是对旧的、过时的火器有着惊人的热爱。例如，在阿拉伯地区和非洲，某些部落仍经常使用外表如同博物馆藏品的枪支，尽管一些进取的武器商人早已开始向他们供应机关枪，这让商人们的母国感到非常不安。这种类型的交易实例并不罕见。例如，印度西北边疆在世界大战前就显示出许多令人不安的动荡，给英国带来了许多担忧。造成这种情况的原因是英国、法国和比利时的贸易商向当地人出售旧步枪和优质弹药。英国通过马斯喀特运输，法国则通过吉布提操作。通过这种方式，商人们向当地人供应了超过20万支步枪。虽然英国最终制止了这种交易，战争物资的积累却仍在继续，这可能是为了未来的走私行动。1911年，这些国际贸易商储存了大约20万支步枪和300万发弹药，等待着将它们销售到这个内陆地区的机会。

美国内战提供了一个关于二手火器的重要性和用途的绝佳示例。当时，北方军队迫切需要枪支和弹药，即使制造商日夜工作，也无法跟上联邦军队不断增长的需求。特别是在战争爆发时，枪支短缺到了北方开始寻找仍然可以使用的，或者可以在短时间内迅速被修好的旧武器的地步。此时，有人想到了欧洲各国的库存。在欧洲，肯定有成千上万的枪支闲置着，也许它们能被改造并投入使用。很快，废弃的欧洲步枪发展成了一场活跃的贸易，每一支枪，无论多么有缺陷或过时，都被人买走并匆忙修复，然后以过高的价格卖给政府。

当然，这些步枪大多完全可用，并为士兵提供了良好的服务。不过，战时环境下往往也会产生一些不诚实的旧枪贩子，他们制造了多起丑闻。对此，国会曾经进行过调查，并揭露了一些典型案例，暴露了暴利之后的丑恶。在听过调查委员会的报告后，林肯总统宣称，这些贪婪的商人"应该炸掉他们邪恶的脑袋"。

比如，在战争初期，枪械制造商菲利普·S.贾斯蒂斯就曾与军械检查员发生冲突。他获得了一份供应4000支步枪的合同，每支20美元。但军械检查员发现，这些枪械存在安全隐患，因此政府拒绝支付。费城在战时被人称为"缺陷枪支生产中心"，托马斯·D.杜布尔戴上校对情况进行了调查，发现情况属实。许多枪都是老式的滑膛枪，或者是用旧部件拼凑起来的"新"步枪。枪支频繁走火，士兵们一度害怕射击；枪的击锤经常断裂；哪怕是最小心翼翼的士兵，也经常会折断枪的瞄准器；枪管轻得不正常，有时厚度不到一英寸的1/20，而枪托是用绿木制成的，木头收缩后带子和饰物变得松动；刺刀经常由于材料脆弱而像铅一样弯曲，许多刺刀在训练中就断了；由于枪管打磨太过粗糙，步枪经常会炸膛。

广泛和公开的欺诈行为令人们开始讨论政府兵工厂武器维护的必要性。一位专家估计，自战争开始以来，政府从私人承包商和外国兵工厂购买的武器、军械和战争弹药的成本，超出其制造的实际成本10倍，而这些钱足以建立并运营政府自己的兵工厂和铸造厂。承包商平均每支卖约22美元的步枪，如果在国家工厂制造，成本可能只有这个价格的一半。

国会调查员之一、代表沃莱斯总结了他的发现："当我们看到我们的军队和政府被投机者欺诈时，我们必须对依赖私人承包商提供国防物资的行为抱有怀疑。依赖私人承包商提供武器和战争弹药在所有方面都太不可靠，而且成本太高，不符合这样一个至关重要的国家利益。"

约翰·皮尔庞特·摩根（J.P.摩根）也是内战期间牟取暴利的武器商人之一。摩根在战争爆发时年仅20多岁，当时他并没有参军。得知军队极度缺乏枪支后，摩根决定利用这一机会提供所谓"帮助"。

在战争爆发前几年,军队曾处理了一批过时、存在隐患的枪支,这些枪支被称为霍尔卡宾枪。军队将它们拍卖,以1—2美元不等的价格处理掉。到了1861年战争爆发时,还有5000支这样的枪支等待处理。突然,在1861年5月28日,一个名叫亚瑟·M.伊斯特曼的人出现,提出以每支3美元的价格购买它们。这个高价本应该让官员们产生怀疑,但显然他们没有。其实,伊斯特曼的背后是一个名叫西蒙·史蒂文斯的人,他为这笔交易提供资金。而他的真正后台是J.P.摩根。

在收到这批被处理的枪支后,史蒂文斯给圣路易斯的弗里蒙特将军发了一份电报,说自己有5000支全新的、完好无损的卡宾枪。很快,他就从弗里蒙特那里得到了订单,催促立即发货。这样,这批枪支就再一次回到了政府手上。摩根收购这批枪支时,每支支付了3.5美元,总价17486美元;卖给弗里蒙特时则是每支22美元,总价109912美元。这为摩根带来了92426美元的利润。

当弗里蒙特的士兵试图击发这些"全新的、完好无损的卡宾枪"时,他们射掉了自己的拇指。消息很快传了出去,引起了人们极大的愤怒,政府拒绝支付摩根的账单。摩根立即起诉政府,他的索赔被提交给一个负责审查和解决有争议索赔的特别委员会。

奇怪的是，这个委员会并没有完全拒绝摩根的索赔，也没有因他的不道德交易行为而谴责他。它允许了索赔的一半，提议按每支卡宾枪 13.31 美元支付，总计 66500 美元。但摩根认为这太少了。他拿着弗里蒙特的"合同"，决心全额收款。

因此，他以史蒂文斯的名义在索赔法庭上起诉，法庭迅速判给了他全部金额，因为"合同是神圣的"。这一决定为数百个其他"索赔"开了先例，国会曾试图阻止这些索赔。曾将大量欧洲淘汰的武器高价出售给政府的马塞勒斯·哈特利声明说："我认为这个政府受骗最严重的一次，就是那些该死的霍尔卡宾枪；它们的价格被抬高到了 22.5 美元。"

然而，这些奇怪的交易不应该掩盖二手枪在内战中的重要性。在《陆军和海军日志》中有这么一条记录，可以显示这种交易在后来仍然存在：1906 年，通过出售过时和被处理的政府存储品向美国财政部支付了 100 万美元。

纽约市的弗朗西斯·班纳曼及其子公司可能是当时规模最大的二手武器交易商。这个非凡的公司是在内战后的 1865 年开始起步的，当时它在拍卖销售中购买了大量的军事物资。公司位于纽约市 501 宽街的办公室是纽约市最好的军事博物馆。在哈德逊河上游靠近西点军校的地方，公司拥有一个岛屿，岛上建有一个像古老的苏格兰城堡一样的兵工厂。公司向博物馆和收藏家提供古董，向戏剧团体提供服装，但也向所有的战争部门寻求生意。它出版了一本迷人的目录，名为《战争武器，古代和现代——大炮、滑膛枪、步枪、鞍座、制服、子弹》。这本364页、含有5000幅插图的书的售价为每本50美分（豪华版是每本3美元），每年销售量超过2.5万本。以下材料取自该目录的1933年版。

班纳曼的展销室"包含了有史以来展出的最奇妙的古代和现代军事用品收藏。世界上没有任何东西可以与之媲美。我们的商品遍布全球的每一个海洋、每一片土地"。

该公司的历史和活动非常有趣：

> 在我们从事这项工作的60年里，我们的业务已经得到了大幅增长，美国政府现在依赖我们在他们的销售中购买大量过时和被淘汰的物品。……我们购买了美西战争中缴获的90%的枪支、弹药和其他军事物品……我们在国外有许多代理人为我们购买和销售军事物品……
>
> 我们的声誉为所有人所知，我们是世界上最大的军事用品交易商。环球旅行者告诉我们，世界上没有其他任何一个机构能够像我们这样拥有如此大量和多样的库存。即使在伟大的伦敦，买家也需要至少访问6

个不同的地方,才能购买到比我们商店所展示的更多种类和更多数量的各种商品……

在我们的展销室里,我们展示了超过1000种不同类型的枪支,从早期的火绳枪到当今的自动枪……我们展出了超过1000种不同类型的手枪,从最早期的使用导火索引燃的手炮,到最新的自装填自动手枪……在大炮方面,我们拥有大量完整的库存,从古老的包着木头的铁制炮管,到当今用于战舰的半自动膛线大炮……

我们可以在短时间内从我们的库存中迅速交付100支高功率快速射击枪,价格优惠。

谁会从这个武器商人的"西尔斯百货"购买武器?

我们的客户包括许多南美和中美洲政府。一些在1898年战争后购买的毛瑟步枪被交付给欧洲和亚洲国家政府。[①]多年来,我们一直供应多米尼加和海地政府。我们最大的客户是那些财政资源有限的政府,他们必须以低价购买军用枪支和物资,而且不反对采用一

[①] 这些毛瑟枪被德国商人卖到了西班牙。显然,班纳曼还将许多手枪运往巴拿马,协助哥伦比亚起义。

被更富有、更强大的政府淘汰的好用枪支。

我们购买了大量的武器，存放在我们岛上的仓库中，以备紧急情况之需。当武器需求激增时，即便是过时但仍可用的枪支也会被大国政府购买，就像1861年林肯派遣代理人到欧洲购买所有可用的枪支来武装志愿兵，同时也防止它们落入南方邦联手中一样……古巴依靠我们在短时间内提供数百万发子弹和其他军事物资。

但并不是每个人都能在班纳曼及其子公司购买武器。"我们的商店从不向任何未成年人出售武器。我们不会将武器卖给我们认为会危害公共安全的任何人。"

目录中也记录了销售的具体详细实例。例如："最近，一家欧洲航运公司向我们下达了一笔订单，要求我们将一艘大型远洋客轮改造为一艘供南美政府使用的战舰。在一周内，这艘和平的客轮被我们改造成了一艘全副武装、装备齐全的军舰，驶向大海：如此迅速的记录在今天的任何一个最新政府设施中都难以打破。"

此外还有公司在日俄战争期间的另一个伟大成就："在日俄战争期间，我们亲自向东京的日本战争部提交了1万个麦克莱伦军用鞍座、10万支军用步枪、10万个背包、10万个挎包、10万套装备、15万个枪带、2000万发子弹以及满满一船的各种军用物资的样品。"

《陆军和海军日报》暗示了班纳曼的另一项商业成功。报告称巴拿马革命分子装备了"数千支与从古巴的西班牙军队缴获的毛瑟枪极为相似的步枪"。由于美国总统"鼓励"了哥伦比亚的革命①，有人指控美国政府将这些枪支卖给了巴拿马人。战争部长解释了这一情况。在古巴和波多黎各缴获的21154支步枪和卡宾枪中，20220支是在拍卖中售出的，其中18200支卖给了班纳曼。"政府无法知道他对这些武器做了什么，但对政府知道它们将被用于巴拿马的叛乱的暗示既荒谬又可鄙。"然而我们很显然能得出推论：班纳曼确实将它们卖给了巴拿马人。

这位武器商人倡导要做好战斗准备的事也就很好理解了。他以一种独特的方式提出了自己的意见："今天的世界和平是通过使用武器来维持的。'哦亲爱的，'我们在男孩教会俱乐部工作中遇到的一位牧师朋友说，'你从事的是多么可怕的生意，你在交易战争武器。'而我们则反问他，是否能告诉我们在十二使徒的队伍中有多少把剑？……他明白了我们的意思，并回答说：'两把，彼得用其中一把产生了良好的效果。'12个人中有两把剑，这对武器来说是相

---

① 时任美国总统西奥多·罗斯福说："我拿下了运河区，让国会进行辩论；辩论进行的同时，运河也在进行。"参见查尔斯·比尔德和玛丽·比尔德合著的《美国文明的兴起》，第二卷，513页。

当好的比例……"

然后，评论显得越来越虔诚："圣约翰对撒旦被降服、世界出现一千年的和平的预言还未实现。我们相信千禧年将会到来，并且多年来一直通过收集现在被称为班纳曼军事博物馆的武器来做准备，但我们希望有一天它会被称为'失落艺术博物馆'，届时法律和秩序将在不借助武器的情况下得到维护。正如真诚的基督徒生活是对抗错误行为的最可靠的个人保障一样，我们相信，当现在自称为基督徒的国家及其统治者开始实践他们的'我们的父亲'的祷告时，他们将不再违反他的命令，去'爱你的邻居'。那时，战争将被消除，和平将统治地球。"

这种宗教论点曾多次出现。很明显，班纳曼及其子公司是虔诚的基督徒。例如："有人曾说过，过去没有、现在没有，将来也永远不会有'基督徒士兵'。奥利弗·克伦威尔、'中国的戈登'、亨利·哈夫洛克爵士、我们自己海军的菲利普上尉，以及其他许多敬畏上帝的人，难道会认为在他们国家的战斗机器的军队中服役，与他们面对造物主的职责不一致？"这个论点并不新奇，也不原创。然而，后面还有一句令人困惑的评论："一本好书曾说，在千年以后，剑将变为犁头，枪矛将变为修枝钩。我们则通过出售炮弹来治病，帮助加速这一欢乐时光的到来。"

在翻阅这本书的目录时，一些有趣的项目吸引了人们的目光，这些项目的魅力只有亲自查看该书时才能完全领略。这里附上一个简短的列表，旨在激发好奇者的兴趣：

牧师制服，附带"一顶精美的新黑色毡帽，带有皮革汗带"；

一台子弹制造机，"每天可铸造超过10万颗子弹。对于战争部门来说，这是一个以优惠价格获取的绝佳机会"；

一款1718年的原始机关枪模型，上面写着"为了保卫乔治国王、你的国家和法律/保卫你自己和新教的事业"；

著名的科尔特加特林枪，附带800万发球形子弹。"任何希望为他们的军队配备一流装备的政府战争部门都能以非常优惠的价格获得它"；

"插图展示了安装在骆驼背上的短管枪，供阿拉伯国家政府在沙漠地带使用"；

德国军用野战大炮及榴弹，2400发，每发重8.25磅。"整套装备存放在我们的岛屿兵工厂，全部打包完毕，大炮装在箱子里，炮架和辎重车拆开并用麻布袋包装好，随时准备以优惠价格交付给国家战争部门。只需拨打电话到我们的岛屿，5分钟内即可开始交付，

我们的快速交付服务绝不会延迟";

12磅霍奇基斯山地炮,配有辎重车。"这些精良的武器和装备应该特别适合南美各国的战争部门或任何多山国家的政府使用。"

如果有人想要在枪支或大炮及弹药上寻找便宜货,或者某些"落后"国家想要选择最好最大的二手武器,班纳曼及其子公司绝对是值得一访的地方。

目录中还包含了一些不寻常的历史知识。其中一个事件与南北战争有关。斯宾塞卡宾枪的发明者,克里斯托弗·M.斯宾塞,在努力使他的产品得到官员们的关注后,终于获得了林肯总统本人的注意。此时一个有趣的事件发生了,这典型地体现了武器商人和著名的"劈柴人"(林肯昵称)的性格。斯宾塞在一棵树上挂上了一个瓦片作为靶子,射击了几次后,将枪递给了总统。总统瞄准并射击,但得到的结果没有发明者好。归还枪支时,总统评论说:"我在你这个年纪时,打得比你还准。"不过,斯宾塞还是赢得了总统的青睐,带着他能提供的所有枪支的订单离开了。

斯宾塞随即成立了一家公司。其中的一位股东是詹姆斯·G.布莱恩,他是缅因州的众议员,后来成为参议员,担任过两届内阁的国务卿、众议院议长,并在1884年的大选中以微弱的差距输给了克利夫兰总统。他被认为是"林肯与罗斯福之间，美国最杰出的政治领袖"，也是和平运动的象征。作为斯宾塞武器公司的股东，他显然感到不太自在，因为在写给公司秘书的信件中，他总是注明："阅后即焚。"布莱恩生活中这一鲜为人知的方面，与他和西部铁路土地计划的其他可疑交易形成鲜明对比，而这件事也引发了他所在的共和党成员的严厉谴责。

另一件事则涉及美西战争。目录记录道："当美西战争爆发时，国际法禁止欧洲制造商向美国公开销售武器。[①]为了绕过法律，一艘大型蒸汽船装载了装有大炮、弹药等的箱子，这些箱子被煤炭覆盖。当蒸汽船距离美国海岸不远时，船员弃船而去。随后奇怪的事发生了，一艘美国军舰'恰好'发现了这艘被弃的船，并将它拖到了海军造船厂。"

二手武器的交易利润丰厚且稳定。在和平时期，小国可以作为常规客户依赖；而在战争时期，即使是大国也会使用旧的可用武器——至少用于训练目的。但在和平时期，大国会坚持要求最好和最现代的武器装备。他们向自己的武器制造商提出这些要求。这种不断对更具毁灭性的

---

① 世界大战的历史清楚地表明，这是一种误解。国际法规定，可以向交战国出售武器，一旦被发现就会没收。

死亡机器的追求，在很大程度上促进了军备工业的发展。随着欧洲武器制造商的故事的展开，这一事实变得越来越明显。

第六章

大炮之王——阿尔弗雷德·克虏伯

> 阿尔弗雷德·克虏伯的一生,是朗费罗所赞颂的最崇高诗篇,是生活"活"出来的,而非书写出来的。可以肯定地说,他去世后留下的"时间之沙上的足迹",将会安慰许多尚未出生的"遭遇船难的兄弟"。
>
> ——美国陆军上尉 O.E.迈克利斯

1870年的普法战争不仅标志着克虏伯大炮的胜利,更是德国最杰出的武器制造商——克虏伯家族经过20多年努力达到成功的高潮。克虏伯一直在与军事保守主义作长期斗争,在普鲁士,他面对的是一个有着几百年历史的军事阶层,相对而言,那个在很大程度上阻碍了柯尔特的美国战争学院还算是进步的。克虏伯必须完善他的产品,这反而是一个比较简单的任务,因为他具备了所有德国人与生俱来的机械天赋和顽强的毅力。最后,他还必须以自己的方式解决市场问题，而杜邦则不会遇到这种困难。在这个过程中，他不仅锻造了钢制炮管，还引入了一种新的武器交易准则。

克虏伯家族的四代人都具备了取得成功所需的所有品质。他们精通商业和销售心理学，并将这些应用到武器贸易的特殊问题上。他们具有科学和创新精神，在自己的领域开发了许多新的、极具价值的工艺。他们坚信自己的爱国主义，并反复向当局强调这一点。他们虔信宗教，并主张将祈祷作为工业成功的一个要素。他们对所有工人"充满父爱"，为员工提供了许多休闲和各种福利措施。不过，他们痛恨所有社会主义者，在政治竞选中，他们向所有工人发出强烈呼吁：远离这种恶毒的教条及其煽动者。当工人不顾这些而支持社会主义者时，他们会感到巨大的"父性"失望。

克虏伯有许多朋友、仰慕者和捍卫者；同时，也不乏敌人、批评者和诋毁者。威廉·伯德罗是克虏伯公司的官方历史学家，他编撰的关于阿尔弗雷德·克虏伯的两卷本传记以及克虏伯信件集，是研究该公司历史的重要资料；但它们也是令人失望的，因为伯德罗显然未得到发布克虏伯最重要的信件的允许，这些信件必须通过其他来源获取。此外，他的作品只记录到1887年，这恰恰是克虏伯与德国政府关系最为密切，军火商的全球活动刚刚起步的时刻。

克虏伯公司起步于19世纪早期。当弗里德里希·克虏伯于1826年去世时,他的钢铁厂留给了只有10岁的阿尔弗雷德。在阿尔弗雷德·克虏伯于1887年去世时,克虏伯已闻名世界。阿尔弗雷德以一种极为保守的方式开始了他的成就:起初,他只致力于生产和平时期有用的材料——机械、铁轨等。通过不断的实验,他完善了一种坚韧耐用的坩埚钢。到了1842年,他成功生产出了坩埚钢大炮,从此在军备工业上走上了成功之路。

然而,进展却让人极为沮丧。军方拒绝放弃他们的保守观念。直到1849年,普鲁士炮兵测试委员会才同意测试他的大炮,但仍然没有订单产生。克虏伯顽强地坚持着,在各大工业展览会上展示他的大炮和其他坩埚钢产品。1851年,他在伦敦获得了象征最高荣誉的奖项。1854年他在慕尼黑举办展出,1855年又在巴黎展出。他甚至向普鲁士国王腓特烈·威廉四世展示了他的大炮,尽管遭到了军事圈的公开反对。结果,他一无所获。

最终在1856年,云层出现了裂缝。埃及总督穆罕默德·赛义德·帕夏,认为克虏伯大炮正如其制造商所宣称的那样优秀,于是下了第一笔实质性的大炮订单。紧接着,一份法国的300门大炮的订单跟进而来,但由于缺乏资金,这个订单被取消了。后来,法国人对这种缺乏资金和对克虏伯产品的忽视感到后悔。

风向现在明显地转变了。当普鲁士摄政王威廉亲王访问克虏伯工厂时，这一点得到了证明。亲王之前就已经听说过克虏伯曾努力促使其大炮被普鲁士接受，也知道军事人员对克虏伯大炮的轻视。这次访问中，阿尔弗雷德·克虏伯展现了他作为销售员的天赋。他安装了一台30吨的锤子，这台锤子被他的工人们称为"弗里茨"。像所有这类锤子一样，只要有能人操作，"弗里茨"就能展现它的多才多艺。因此，克虏伯决定展示"弗里茨"的本领。"殿下是否愿意看'弗里茨'表演绝技？是的？太好了。殿下能否慷慨地让您的卑微仆人借用您的手表，只要一分钟就行？万分感谢，殿下。现在，如果尊贵的殿下愿意仔细观察，您将会看到现代科学的奇迹之一。我们将把手表放在'铁砧'上。现在看到那锤子以闪电般的速度和可怕的力量下落了吗？注意那只手表！但锤子已经停了下来，就在离殿下的手表几分之一英寸的地方停住。这就是现代科学的完美。"

亲王以微笑作为回应。他像孩子一样对一个聪明的机械玩具感到高兴。"毫无疑问，锤子还能做其他把戏。当然，当然，殿下。现在，比如，我们将把一个螺母放在锤子下面。锤子下落，刚好足以砸碎螺母，但不至于将其压成无形的粉末。太神奇了！令人震惊！"

一个拥有这种机器并能如此熟练操作它们的人至少是有趣的，也许那些军事人员只是些坚持他们的旧铜炮的老顽固。威廉亲王带着一颗钦佩的心回到柏林去了，从此，一段珍贵的友谊开始了。同年，克虏伯收到了来自普鲁士的首个大炮订单。

潮流现已转变。如统计数据所示，从 1853 年到 1861 年，克虏伯在埃森的工厂面积从 2.5 英亩增长到 13.5 英亩；到了 1873 年，它扩张到了 86 英亩，并且在 1914 年扩展到了 250 英亩。雇用的工人数显著增加至数以万计，相当于一个中等城市的人口规模。1849 年，当他开始大力销售大炮时，他有 107 名员工。到了 1860 年，这个数字增加到了 1057。到 1914 年，他拥有 8 万名员工，而这些数字只涵盖了埃森工厂一地，那里长期以来一直是世界大炮技术和制造的中心。克虏伯的其他工厂雇用了更多的工人。

19 世纪 60 年代是个对克虏伯极为重要的时期，因为克虏伯毫无疑问地证明了他的坩埚钢大炮作为战争工具的实用价值。克虏伯在这段时间内对爱国主义问题的态度也值得我们关注。多年来，克虏伯一直坚持他的爱国主义；他显然相信，爱国主义将会促使冷漠的普鲁士人与他做生意。在从国外收到大订单之前，他将普鲁士的需求置于所有其他国家之上。1859 年，他指出，某些普鲁士大炮在国外并不是很知名，因为它们的结构是国家机密。"如果普鲁士装备良好且可以被复制，那么我们就无法阻止其他国家效仿我们。因此，我们以后接受其他国家的类似订单时，应该首先考虑普鲁士的朋友和盟友。"

1860年，克虏伯写道，他认为向普鲁士军队供应枪支"不应看做是一笔生意，而更多是作为一项荣誉"。同时，已经有强烈迹象表明，他对爱国主义的严格解释并非"合格"的商业行为。他曾申请续订自己拥有的一项专利，但商务部长延迟了批准。克虏伯便写信给他的朋友——摄政王威廉亲王，指出他的爱国主义让他付出了什么代价。其他政府早就提到过，如果他能在这些国家设立分支机构，就会给他"耀眼的承诺和保护的保证"，但迄今为止他抵挡住了这些诱惑。

"我完全出于自愿和对国家利益的考虑，没有受外部力量的驱使，到目前为止还未采取这样的手段。尽管我肯定可以取得更高的价格，但当我认为我可以以此服务于我的祖国时，我拒绝向外国供应任何坩埚钢大炮。"

摄政王理解了这一点，并下令续订专利，"以表彰埃森的商业顾问阿尔弗雷德·克虏伯经常展示的爱国情怀，特别是在拒绝向他购买大炮的外国订单方面，这些订单承诺给他带来巨大利润"。

现在，克虏伯学会了一种技巧。当他想从政府那里得到某些东西时，他一定会谈论他的爱国主义，并暗中威胁说他可能会将他的大炮卖给其他国家。他在给冯·洛恩的信中提到他的一个专利时写道："在这种情况下，我是否能够继续我迄今为止自愿采取的做法，拒绝可能有一天会被用来对抗普鲁士的大炮订单，并放弃这些订单以及在同一地区销售这种新机制所带来的利润？"

1863年，俄国的订单到来了。他们要求克虏伯参与设计工作，多年来，沙皇的顶尖枪炮设计师们不停地在他的车间和房子进进出出。普丹战争（1864年）和北德意志邦联海军的初步建设推动了事态发展，很快，克虏伯的名字获得了国际声誉，这又反过来影响了他的祖国。这又是一个先知在自己国家没有得到荣誉，直到他的外国门徒将他突显出来的例子。

岁月缓缓流逝，外国订单纷至沓来。克虏伯也越来越少提及什么爱国主义话题。1866年，当普奥战争即将爆发时，战争部长冯·洛恩恳求克虏伯不要向奥地利出售大炮："我冒昧地询问，您是否愿意出于对当前政治状况的爱国考虑，承诺不在没有国王政府同意的情况下向奥地利供应任何大炮。"

现在角色调换了。不再是克虏伯向政府呼吁爱国主义以获取订单；政府现在在恳求他展现爱国主义，不向一个几乎确定的敌人出售大炮。当然，克虏伯已经向奥地利的盟友——南德各州出售了大炮，所以损害已经造成；冯·洛恩提到的是奥地利最近下的另一个订单。

克虏伯对冯·洛恩的回复显示了所发生的变化。他向部长保证，新订单的工作尚未开始，因此没有理由感到焦虑。同时，他明显对这种政府的"干涉"和这次关于爱国主义的小讲座感到不悦，并以不容置疑的语气告诉了部长："关于政治状况，我所知甚少；我静静地继续我的工作，如果我不能在不破坏对国家的爱和光荣行为之间的和谐的情况下做到这一点，我将彻底放弃工作，出售我的工厂，成为一个富有且独立的人。"

但这是一个不容错过的好机会，他不会再忘记普鲁士的可耻忽视。他继续说："我愿提醒阁下，我在两国关系最为友好的时期接受了奥地利的订单，而且当时尤其感激，因为普鲁士海军不批准我的坩埚钢作为炮材，而领先的专家正致力于推广青铜而不是坩埚钢。"从这时起，随着盈利的外国业务可用量的日益增加，克虏伯再也没有遇到"爱国主义"的麻烦。

1866年，在普奥战争中，克虏伯的大炮首次在战争中接受了测试。当然，奥地利的盟友们也装备了他的大炮，但这次战争并没有为大炮带来什么决定性的评价。普鲁士人仅用七个星期就取得了战争的胜利，但由于炮兵水平参差不齐，无法明确说克虏伯的大炮在奥地利的败局中扮演了何种角色。

克虏伯继续热切寻找市场，法国显然是一个充满希望的目标。拿破仑三世在巴黎世界博览会上不是曾经授予他勋章吗？这位法国皇帝难道不知道他的大炮很先进吗？抱着这样的想法，克虏伯两次给拿破仑三世发送了附带目录的信件，但两次都被拒绝了。以下是其中一封信：

1868 年 4 月 29 日
尊敬的陛下：
　　受到陛下对一个简朴的工业家所显示的兴趣，以及他付出巨大的努力和牺牲所取得的幸运结果的鼓励，我再次冒昧地接近您，恳请您接受随信附上的目录，该目录代表了我工厂制造的各种物品的图集。我斗胆希望，最后四页能吸引陛下片刻的注意。您将在那里找到我为欧洲各大强国制造的坩埚炮。我希望，这些能说服陛下原谅我的大胆。
　　怀着最深的尊敬和最大的钦佩，
　　陛下最卑微且忠诚的仆人
克虏伯

对此的回复是：

　　皇帝对您发送的目录非常感兴趣，他命令我感谢您与他联系，并告诉您，他衷心希望您的工业企业成功和扩展，相信这些企业注定会为人类做出巨大的贡献。

就在普法战争爆发前夕，克虏伯取得了重要的成就。此前，英国制造的大炮曾被视为无可匹敌。但是在1868年，克虏伯安排了他的大炮与英国伍尔维奇大炮之间的竞争性测试，测试在柏林附近的泰格尔试验场进行。事实上，这时的英国人已经只剩下声誉了，火炮制造技术早已落后；他们仍然坚持使用前膛装弹的火炮，而克虏伯已经明确转向了后膛装弹。所有这些优势都在测试中得到了清晰的证明。虽然英国人还需要很长的时间才能接受这一点，但比利时人尼卡斯已经宣布克虏伯的大炮优于英国的大炮，比利时和俄罗斯都采用了它们。

1870年，期待已久的普法战争终于爆发，为克虏伯提供了证明其大炮性能的重要机会。这是一次绝不能让人对大炮的效率和优越性产生质疑的测试。幸好，当初法国人并没有接受克虏伯的宣传，而这场战争也就变成了克虏伯大炮与其他大炮的巅峰对决。随着德国人带着大炮进入法国，奇迹般的场景接二连三地发生了：一门克虏伯大炮瞄准敌军阵地发射，紧接着，所有的抵抗迅速瓦解。大炮精确的打击能力和在任何复杂条件下都能维持的性能优势让所有人信服，克虏伯大炮赢得了这场战争。

假如拿破仑三世对这一分析的正确性有任何疑问，他很快就会发现自己的看法是错误的。在离开法国途经比利时时，比利时和法国的军事人士与他讨论了最近的战争，并遗憾且责备地指出克虏伯的大炮完成了任务。比利时已经明智地向克虏伯下达了订单，而拿破仑三世则拒绝了克虏伯的推销。因此，战争输了。

紧接着克虏伯又取得了其他成就。他的代理人无处不在，利用每一个政治摩擦，通过各种贿赂，让大使和外交官员们为他敞开大门。一位研究克虏伯历史的学者说："在人们看来，克虏伯的宫廷和欧洲各国的宫廷别无二致。一个几乎由每个文明国家的国际代表组成的纷乱画面聚集在一起，目的无非是订购锻造的大炮，以便相互征战。"

几乎每场战争或边境冲突，克虏伯的大炮都有参与。"当塞尔维亚人和保加利亚人、土耳其人和希腊人交战时，克虏伯的大炮对双方都造成了死亡和破坏。当欧洲列强进行边境防御时，他们的要塞布满了克虏伯的大炮。即使是在去非洲旅行时，沿尼罗河航行时，或在遥远的中国和日本，克虏伯的大炮都是文明进步的有效见证。"

有时，这些销售伴随着奇怪的情况。西班牙订购了巨型克虏伯大炮，表面上是为了秘密地将它们对准英国的直布罗陀，但因为这些大炮实在太大、太显眼，反而引起了英国对德国的怀疑。位于比利牛斯山脉中的微型共和国安道尔，从克虏伯购买了一门大炮，但它无法在开火时不将弹丸射出国界。

在19世纪90年代，克虏伯迎来了新的发展阶段。海军时代即将到来，克虏伯当然无法预见到一艘超级无畏舰的成本会比大多数大学基金还要多的事实，但他明白这将是利润丰厚的业务。为了抢占市场，他已经开始试验用于战舰的装甲板。

在克里米亚战争中，法国已经使用了钢铁装甲舰，但这些"铁甲舰"并不是远洋舰，而仅仅是用铁板覆盖的木制船只。这种为木船提供的装甲板覆盖物厚度不断增加，某些板材甚至达到了24英寸厚。很显然，这条道路是行不通的，因为船快要浮不起来了。随后，钢铁船体成为主流。最初是法国的造船技术主导了整个市场，而后引入了通过添加镍来硬化的哈维装甲。

克虏伯也开始了试验。1893年，克虏伯装甲诞生，它无疑比当时所有装甲都要优越。测试结果表明，在其他装甲受到重击后碎裂后，克虏伯装甲依旧完好无损。在向全世界展示了这一点之后，克虏伯立即宣布了其装甲板的销售条件。任何国家都可以从克虏伯购买装甲板，或者在自己的工厂内生产，条件是支付高额的许可费用以及每吨大约45美元的费用。世界上没有一个大国能拒绝克虏伯的条件，克虏伯的装甲板是最好的，所有海军都必须拥有它。于是，英国、法国、意大利、日本、德国和美国的海军陆续使用了克虏伯装甲建造舰船。

从此，克虏伯的业务扩展到了造船业。1896年，他及时收购了德国尼亚船厂，为1900年的海军建设做好了准备。当然，这个船厂也接受来自其他国家的订单，许多外国战舰都是在这里由克虏伯建造的。

当德国政府开始对潜艇产生兴趣时，克虏伯和政府几乎成了合作伙伴。1903年，公司进行了重组，威廉二世皇帝成为其最大的股东之一。克虏伯不仅经常能得到政府贷款，每年还会得到专门的实验室拨款。因此，当潜艇开始吸引德国海军的兴趣时，克虏伯毫不令人意外地在1906年获得了近100万美元的潜艇实验资金。从德国政府几乎在世界大战之前10年内不在国外购买任何武器装备，而是在国内完成所有订单的事实中，我们可以看出德国军火商（特别是克虏伯）对德国政府的影响力，这在世界各国中是独一无二的。

通过政府的帮助，克虏伯在梅珀恩还获得了一块巨大的新试验场地。这是一个长10英里的射击场，足以测试当时口径最大的炮弹。有人可能天真地以为，克虏伯会小心翼翼地保护这里，使它不受外国人的侵扰。事实恰恰相反！克虏伯渴望所有国家都能见证他在火炮技术上的成就，因此新武器（或者叫新型死亡装置）的测试往往是吸引各国的准将、海军上将和军械专家聚集一堂的机会，因为克虏伯想要适当地宣传新装置，并将其销售给所有想要它的人。

在1905年惨败给日本之后，俄国人开始认真重建他们的军事体系。他们制定了一套详细的计划，为现代化军队配备最好和最新的装备，建立一个高效的海军以及现代化的武器工厂。在这项重建计划中，全世界的武器制造商都放下了体面，不择手段地争抢订单。英国、法国、比利时、德国、奥地利和美国的军火商纷纷加入了这场竞争。当1914年世界大战爆发时，这项重建工作尚未完全完成，但在可用的时间内，国际武器界的盟友和竞争者已经取得了奇迹般的成就。克虏伯在重新武装俄国方面扮演了重要角色，不仅参与了火炮工厂的建设，还参与了波罗的海舰队的建设。尽管俄国是法国的盟友，而法国又是德国的"世仇"，克虏伯还是在这一过程中发挥了关键作用。

克虏伯熟知现代商业方法。他深知并重视新闻媒体的力量。克虏伯拥有和控制着三大报纸：《莱茵—西法利亚报》《柏林每日回顾》和《最新消息报》。在战前那些狂热的年份里，通过渲染战争恐慌或通过给予其他国家的武装活动特别的版面，来激发公众的爱国热情，对克虏伯来说是一件简单的事情。

克虏伯还与德国的陆军和海军部门保持着密切的联系。几乎所有级别的军官，尤其是陆军和海军高级官员，都在他的工资名单上，当政府招标时，他们大多都会支持克虏伯。

即便如此,克虏伯仍然不放松警惕。他的一名员工,布兰特,是一名老兵,与战争办公室的许多朋友保持着联系。这名员工的任务是与他的老战友保持密切联系,以便提前了解哪些订单将被下达,规格将是什么,以及他的竞争对手出价多少。在这项业务中,布兰特和他的老战友之间经常有金钱往来。当这一"丑闻"在帝国议会中被揭露时,调查显示这些来往里涉及的金钱规模"微不足道",战争办公室的秘密信息之所以能被克虏伯的代理人获取,主要是依靠他作为老朋友和前军人的身份。

到1912年,克虏伯的业务统计数据显示,自从他成为武器制造商以来,他制造了5.3万门大炮。其中,2.6万门售给了德国,2.7万门售给了52个不同的国家。

克虏伯的故事清晰地揭示了现代武器制造商的问题。创新的发明转化为巨大的现金流,技术进步使得武器能够大规模生产。随后市场的问题出现了,与之相关的还有爱国主义和商业方法的冲突。经过一些犹豫,克虏伯判断,对爱国主义的严格解释对商业有害,于是他开始了全球销售的计划。同时,德国需要克虏伯,就像克虏伯需要德国订单一样,这种合作关系逐渐发展成为几乎是伙伴关系。这样一来,德国政府就等于是在鼓励和建立一个位于德国心脏地带的独立王国,一个它无法控制、但又离不开的力量。这将成为西方世界中一个普遍且不祥的趋势。

从克虏伯的故事中,我们看到了他作为典型商人以及典型德国人的形象。他高效、坚韧、勤奋、有能力完善发明,而且无论在哪里都要将其业务推广到最终市场。但他的性格中缺少色彩,缺少大胆,也没有美国人从他们的小贩包中提取些新奇而致命的小玩意的倾向。将这一现在已经成熟的欧洲和亚洲武器客户领域以一种独创性方式开发出来的任务,将会留给一个美国人来完成。

第七章

全自动杀戮——马克沁机关枪

> 马克沁,对于一个人来说,充满爱国心并为自己的国家尽力是非常值得赞扬的事情,但你是一家英国公司的董事之一。我们是中立的;我们不能偏袒任何一方。
>
> ——一位与希拉姆·马克沁共事的董事

当希拉姆·马克沁,这位以发明批量杀伤性武器闻名于世的发明家,将其创新天才投入到一种医用吸入器的完善时,有人批评"这完全毁了他的声誉",一位科学家朋友甚至哀叹他竟沦落到"将才能浪费在庸医的偏方上"。这让这位来自缅因州的美国人开始深思:"由此可见,发明一种杀伤性机器是一件值得骄傲的事情,而创造一种减轻人类痛苦的设备反而成了耻辱。"奇怪的是,马克沁的一生反而表明,他将这种讽刺性的反思视为字面上的真理;他在"杀伤性机器"上花费的时间,远远超过了其他任何事物。

马克沁家族有三位在枪械和弹药历史上声名显赫的人物：希拉姆，马克沁机枪的发明者；他的兄弟哈德森，无烟火药的发明者；以及希拉姆的儿子，希拉姆·珀西，马克沁消音器的发明者。其中最伟大的是希拉姆·马克沁。

希拉姆·马克沁的自传《我的生活》是一部极富活力和启发性的作品。这本书凭借着对成就的骄傲和对人类活动的记录，让人联想到贝纳文托·切利尼①。在很大程度上，这本书记载的就是马克沁机枪发明和销售历程的历史。

马克沁是一个天生的发明家，拥有鲜明的个性。他最享受的时光是坐在复杂的机械装置前，手持圆规和直尺，寻找问题的解决方案。他的发明领域广泛，涵盖了改良卷发器、铆接机、机车头灯，到灭火器、煤气、电灯、飞行器、机枪、弹药等等。他为自己的体力感到骄傲，擅长拳击和摔跤。他能够轻松地与国王和沙皇、将军和海军上将、军械专家和机械师打交道。他与英国人和德国人、俄罗斯人和中国人自由交往。他是个好斗的不可知论者，自称宗教信仰为"新教徒"，"因为我反对所有这一切"。如果问他对自己的哪一项成就感到特别自豪，那他一定会回答：发明机枪。

---

① 意大利文艺复兴时期的传奇人物。他的自传被认为是文艺复兴时期最经典的自传体著作之一。

在马克沁发明他的机枪之前，已经存在如加特林枪和诺登菲尔德枪等早期机枪。这些机枪主要依赖转动手柄来实现快速连发，操作者通过旋转手柄，可以让机枪在一分钟内发射数百发子弹。然而，这些早期机枪有一个显著的弱点：很容易卡壳。当枪手看到敌人接近时，可能会紧张地过快转动手柄，而过快进弹会导致机器卡壳，使得枪手在关键时刻束手无策。这种情况发生得实在太过频繁，导致士兵对机枪普遍缺乏信任。

1883年马克沁开始着手解决这个问题。次年，他获得了一种基于全新原理的机枪的专利。他利用枪的后坐力来推动弹药带，创造出了一种每分钟可射击666发子弹的机枪。他的机枪不需要转动什么手柄，因此不会因为枪手紧张而卡壳。这项发明在机械设计方面是一次天才之举；而作为一种战场上的屠杀工具，其威力难以用言语充分描述。不久之后，马克沁与维克斯公司联手，他的枪成为维克斯武器库的一部分，向世界其他地区销售。

马克沁是一个拥有英国国籍的美国人。他在英国发明了他的机枪，英国人是第一批见证它的人。很快，很多访客出现了，特别是皇室和贵族们。著名的英国战争英雄沃尔斯利勋爵也来访了，对他留下了深刻印象。战争办公室的官员们来进行检查，他们交口称赞。威尔士亲王得到了操作这把枪的机会，摄影师们为此忙碌了一天。英国被马克沁机枪征服了。

随后，马克沁将目光转向美国市场。他写信给美国所有主要的枪支和手枪制造商，告诉他们由自己发明的自动系统很快会应用于所有小型武器，并建议他们采用这一已在美国获得专利的系统。但是，美国制造商这一次却背离了他们以进步主义闻名的态度。马克沁没有收到任何积极的回复；实际上，一些通信者甚至嘲笑这项发明。

不过，除了这次不愉快的经历，马克沁没有遭受其他拒绝。其他国家对马克沁的创新表示出了很大的兴趣和开放性，他迅速采取行动，赢得了他们的支持。不过，在我们跟随马克沁开始他的奥德赛之前，还有另一个事件需要讲述。德国人有一种燃烧缓慢的可可粉，是一种非常先进的爆炸物，因为它相对安全。英国人急切地想要获得它，而德国制造商也没有任何顾虑，于是要价3.5万英镑。幸运的是，在英国人即将支付这笔金额之前，他们先将问题提交给了马克沁。对火药进行化学分析是件很简单的事情，英国化学家早就已经明白了这种火药的成分，但他们不知道怎么复制。但是，马克沁在得到火药样本后，立刻就通过显微镜揭示了火药的秘密，并复制了这份发明。

最早购买马克沁机枪的人是南非的布尔人。马克沁（和维克斯）可能知道英国很快就会卷入南非的冲突，但这并没有阻止他们销售这些枪支。布尔人购买了这些强大的枪支，非洲人根据它发射时的声音将它称做"Pom-poms"，后来其他地区的人也认可了这个名字。在布尔战争中，英国军队遭遇了武装的农民使用 Pom-poms 的顽强抵抗。马克沁自豪地记录道："一个由四名布尔人操作的 Pom-poms……能在很短的时间内使一整个英国炮兵连失去作战能力。"

随后取得胜利的是法国：在凡尔赛举行的试验中，马克沁机枪胜出。接着是瑞士：这里安排了加特林枪、加德纳枪和诺登菲尔德枪与它竞争试验，结果马克沁机枪证明了它的优越性。瑞士军官对这种枪给予了极高的评价，他们激动地说："世界上从未有过任何枪械能在如此短的时间内杀死这么多的人和马……因此我们立刻就下了订单。"

意大利是接下来的目标。在斯佩齐亚举行的试验取得了预期以内的结果。在这里，马克沁结识了一个有趣的人物：在斯佩齐亚的俄国领事，尼古拉斯·德·卡巴斯。他成了这种枪的代理人。马克沁对意大利之行感到满意，因为一切都进行得非常顺利——他从意大利政府那里收到了一份大订单。

接下来轮到了德国。之前，出于某种原因，德国并未对马克沁机枪的优势给予足够关注，直到威尔士亲王亲自测试并推荐这种枪械后，德皇才决定亲自审查。试验在斯潘道举行，德皇当场就被说服了。他赞叹道："这就是我们需要的那种枪……别无他选。"自那时起，德国的陆军和海军开始大量采用马克沁机枪。克房伯当时可能也看到了这种枪，他对这位同行工匠不禁发出了发自内心且慷慨的赞赏。他对马克沁说："我不相信你还有其他任何能够真正理解这项发明的巨大价值的合作伙伴。"当马克沁-诺登菲尔德公司成立时，马克沁机枪的全球专利估价为90万英镑，而且在公司成立的几小时内，股份就被超额认购多次。

马克沁的传教工作随后将他带到了俄国。这个国家的"迷信"让他感到好笑，他差点因为俄国人认为他是外国犹太人而被驱逐。在莫斯科，他参观了"世界上最神圣的城市中最神圣的圣地"。但他的主要关注点是销售他的机枪。

当他首次展示机枪时，俄国军事人员对此嗤之以鼻。习惯了各种夸张的俄国官员，对它每分钟666发的射速表示怀疑。然而，马克沁通过安排实际的射击试验，证明了他的机枪的高效性能，令俄国人大为震惊。这种新型武器的构造对许多官员来说是陌生的，当他们见证靶心被精确击中时，不由得感到兴奋。自那以后，马克沁的机枪在俄国军队中迅速普及，特别是在与日本的战争中。据知道内情的人说，在那场战争中，有超过一半的日本人是被小型马克沁机枪杀死的。有了这样的成就，难怪马克沁为他的智慧结晶感到骄傲！他在俄国的名声变得如此之大，最终连沙皇也亲自邀请他访问，并授予了他勋章。

其他国家自然不会长时间忽视马克沁机枪。当清廷得知这种武器后,李鸿章立刻前往英国考察。他一踏上英国土地的第一句话就是:"我想见见希拉姆·马克沁。"他见到了,马克沁也征服了他。这种机枪在英斯福德给中国人展示,并给他们带来了深刻印象。

"使用这把枪的成本是多少?"

"每分钟130英镑。"

"这把枪对中国来说射得太快了。"

然后是丹麦。国王亲自观看了试验,询问了其成本和维护方法后,宣布:"那把枪会在大约两小时内使我的小国破产。"

接着,波斯的沙阿(伊朗国王)发来了询问。波斯不愿被视为那些不欣赏西方世界正在取得的巨大进步的"落后"国家。马克沁发送了枪的详细描述,但没有前往波斯,可能是因为他太忙,或者认为波斯市场的潜在回报不足以吸引他的兴趣。后来,沙阿访问了英国,并见识了这把枪的实际操作。但英国了解这位沙阿。

"与此同时,威尔士亲王已经发来消息说,沙阿肯定会要求我把枪作为礼物送给他,后来也确实发生了这种事;但我已经准备好了,我解释说这把枪不是我的财产,而是公司的,我没有权力把它送人。"

西班牙和葡萄牙之前已经接受了马克沁的访问,他还在西班牙建立了一家工厂。土耳其是下一个体验到"文明"祝福的国家。尽管当时君士坦丁堡正霍乱肆虐,马克沁仍决定乘船前往。在土耳其,他不断被当地人误认为是传教士或教师,但他的枪再次赢得了军方的心。苏丹因这个为他的国家带来巨大福祉的人感到非常高兴,为该如何以最佳方式来表彰这位伟大的恩人而苦思冥想。于是,马克沁被授予土耳其勋章,以及被赏赐苏丹后宫中的"稀有宝石",苏丹以此来表示他的欢喜。不过不知为何,这一荣誉被巧妙地避开了。随后,马克沁再一次回到了他的收养国——伴随着新一次征服。

但马克沁的胜利还未结束。在19世纪80年代初,英国人在苏丹与阿拉伯人的冲突中遇到了许多麻烦。这些凶猛的部落经常击败装备有加特林机枪的英国军队。这种机枪需要转动曲柄操作,当机枪手看到敌人接近时,慌张的他们会过快地转动曲柄,导致子弹没时间落入位置,机枪因此卡壳。随后,英国人就会在阿拉伯人锋利的长剑下迎来残酷的死亡。

在这种灾难性的卡壳事件发生了几次之后,加特林枪被马克沁机枪取代。在这场殖民战争的最大战役奥姆杜尔曼战役中,一次卡壳都没有出现,报纸这样写道:当马克沁机枪对准阿拉伯人时,"一道可见的死亡波浪席卷了前进的大军"。马克沁对他的机枪在奥姆杜尔曼战役中的表现感到非常自豪，他引用了埃德温·阿诺德爵士的话："在我们的大多数战争中，是我们军官和士兵的冲刺、技巧和勇敢赢得了胜利。但这一次，战斗是由一位安静的科学绅士赢得的，他住在肯特郡。"此前，德国皇帝也说过类似的话，但美国关于马克沁机枪致命特性的报道是如此生动，以至于马克沁记录说"英国的报道比不上它"。

马克沁对奥姆杜尔曼的描述并不夸张。关于马克沁机枪在英国殖民和帝国主义战争中造成的恐怖效果，有许多来源可以证实。重要的是，马克沁对这一事实感到自豪。

美西战争中还有另一个有趣的插曲。美国传播了一个令人震惊的谣言，声称希拉姆·马克沁将为美国海军提供一款具有巨大威力的新型武器，这种武器足以瞬间摧毁西班牙的海军力量。他们意识到在西班牙境内的维克斯-马克沁工厂可能与这个消息有关，于是发出了威胁。该工厂随即陷入了极度的恐慌之中，急忙向位于英国的公司总部发送了一封电报，报告了这一危急情况。维克斯的一名董事立刻冲了出来，于凌晨两点将马克沁从平静的睡眠中唤醒。

"马克沁，"他说，"你究竟在做什么？对于一个人来说，充满爱国心并为自己的国家尽力是非常值得赞扬的事情，但你是一家英国公司的董事之一。我们是中立的；我们不能偏袒任何一方。"

马克沁向他的董事同事保证，整个故事都是源于一个疯狂且无根据的谣言，因为那种武器根本就不存在，而且他这么多年来都没有与美国进行过任何交易。公司随即向西班牙发送了澄清电报，工厂的气氛也随之恢复平静。

马克沁职业生涯中最重大的冒险发生在19世纪80年代的维也纳。奥地利政府希望看到这台著名的机枪，马克沁也如他们所愿，出现在奥地利首都的测试场地上，面对一个庞大而杰出的观众群。测试结束后，威廉大公深受震撼，并当众宣布："这是我所见过或想象过的最可怕的工具。"在此鼓励下，马克沁在第二次试验中加入了一场小型马戏团特技表演。在奥地利皇帝弗朗茨·约瑟夫的注视下，马克沁在更短的距离上的一个新靶子上，用机枪切割出字母F.J.（弗朗茨·约瑟夫的首字母），这令皇帝和许多高级官员都感到兴奋。一家漫画报刊载了这样一幅插图：马克沁正在操作一把形状像棺材的枪，在靶子上刻出F.J.的首字母，而死神站在他的背后，将一顶皇冠置于他的头上。

尽管马克沁通过这些表演，以及他在帮助减轻奥地利军械部大炮后坐力方面所提供的助力，赢得了一定程度的认可，但他并未完全获得成功。因为当时还有另一位非常著名的销售员在场，这个人的巧舌如簧影响了军队官员，使他们对马克沁的产品没有全心接受。这个人就是巴希尔·扎哈罗夫。当马克沁在试验后得意洋洋地拜访部长时，他受到了相当冷淡的接待，只收到了一个小订单。这位机智的美国发明家遇到一个强劲对手，而这位对手后来也名震天下。

第八章

带来死亡的超级推销员——巴希尔·扎哈罗夫

> 我是一个世界公民：我工作的地方就是我的家乡，而我工作在世界各地。
>
> ——阿尔弗雷德·诺贝尔

当阿尔弗雷德·克虏伯在文科中学接受人文学科的训练，为他那与人性几乎毫无关联的职业生涯做准备之时，一个希腊家庭正在从土耳其逃往敖德萨。希腊爱国者宣布脱离土耳其独立，土耳其人则以大屠杀作为回应。当奥斯曼的愤怒平息后，扎哈利亚斯家族离开俄罗斯，返回他们在安纳托利亚的一个小村庄的家。1849年，他们的一个孩子出生了。他被命名为巴西里奥斯，或者巴希尔·扎哈罗夫。

"扎哈罗夫"这个名字并不是化名。尽管巴希尔·扎哈罗夫那多姿多彩的生涯，以及他作为武器销售商在沙皇统治下的土地上进行的一些最阴暗交易的事实,为这个谣言增添了色彩。就像许多其他在俄罗斯的希腊难民一样,扎哈利亚斯家族在他们的名字上加上了斯拉夫后缀,改名为"扎哈罗夫"——这是对大多数人认为的神秘情况的简单解释。不过,这也是这个存在无数谜团的"欧洲神秘人"身上唯一一个容易解释的事情。

扎哈罗夫的第一份工作是货币兑换商,在君士坦丁堡的集市上,这份工作就像圣经一般正当而合理。土耳其首都是所有民族的结算中心,更是一个法语、德语、英语以及各种列弗坦和巴尔干语言在无尽混乱中交织的多语言中心。这个年轻的希腊货币兑换商不仅要学习各种语言以求进步,还必须寻求当地强大同胞的保护,以免受到敌对的土耳其人的干扰。这激发了他对希腊的浪漫爱国精神,这种爱国主义后来为他的国际主义生涯赋予了一种奇异的矛盾感。

这时,一则丑闻忽然爆发了。他的一个叔叔雇用他在一家进口商务公司工作,他很快就学会了商业的细节,进而成为公司的合伙人。突然有一天,他带着公司抽屉里的一笔钱逃往英国。在伦敦,他的亲戚起诉了他,但他坚称自己有权分享利润,仅仅是取走了法律上属于自己的钱。虽然案件的具体审理过程不得而知,但众所周知,扎哈罗夫被宣告无罪。不过,扎哈罗夫"不诚信"的标签此后就被人们视为一个事实：这位伟大的世界公民通往财富阶梯的第一步是偷窃他人的财产。

随后，扎哈罗夫从老贝里街①返回雅典，并首次展示了他对政治人物的偏好，这一偏好后来成了他职业生涯的一个标志。后来成为希腊重要政治人物的埃蒂安·斯库卢迪斯对他提供了保护，以免他受到希腊社会愤怒舆论的攻击，甚至还为他找到了一份工作，这份工作后来成为他的专业。当时英国与瑞典合资的军火公司诺登菲尔特在雅典的代理人恰好离职，在斯库卢迪斯的推荐下，扎哈罗夫得到了这个空缺的职位。

扎哈罗夫迎来了人生的转机。1875—1878年的俄土战争结束后，保加利亚等巴尔干国家展示出了惊人的军事活力。希腊由于军力弱小未能参与战争，因此战后未能获得任何战利品。这给希腊政治家们上了一课，他们决心不错过类似的机会，于是立即着手提高军队人数，从2万增加到近10万。在总计2000万法郎的军事预算中，他们将其中的绝大部分——也就是1600万投入到了军备之中。

在这次巴尔干地区的军备竞赛中，扎哈罗夫以及其他小公司的代表都从中受益了。克虏伯、施耐德以及其他欧洲大型军火巨头忙于向大国供应，他们对巴尔干的复杂局

---

① 位于伦敦，是英国中央刑事法院所在地。

势没有兴趣。大国在采购军备时往往会有许多严格的测试和审计，而像希腊这样的小国则大多在私下操作——特别是在那些战争部长们频繁更迭的国家。这一次，扎哈罗夫也通过他的赞助人斯库卢迪斯，为他的东家带来了一些盈利可观的订单。

诺登菲尔特的老板托斯滕·维尔海姆·诺登菲尔特此时正在各大军火巨头之间艰难求生，他需要一个狡猾的联络人在地中海地区活动。和平条约并没有结束军备竞赛，反而增加了国防部的需求。为了在激烈的商业竞争中取得优势，诺登菲尔特为扎哈罗夫提供了一些新商品以吸引买家，比如新型底部引信、偏心螺旋炮闩、机械定时引信、轻型炮兵的快速射击炮，以及那个时代的最新奇迹——潜艇。

长期以来，大国的海军专家一直知道潜艇这类发明的需求，但他们不愿接受诺登菲尔特的产品，除非它能被证明确实有用。因此，扎哈罗夫有幸卖出了第一艘潜艇，而且是卖给了他的祖国。他是一个坚定的希腊爱国者，他对这笔交易感到非常满意。不过此后，他的商业政策中也出现了一些新的元素。

在这个时期，土耳其——希腊的可怕敌人——拥有比邻国更雄厚的国库资金，还公开宣布自己需要潜艇。而扎哈罗夫要做的就是将诺登菲尔特潜艇卖给土耳其。最终，他成功为土耳其订购了两艘潜艇，没有再考虑什么爱国之心。

正如他的传记作者所评论的那样:"如果希腊、罗马尼亚、俄罗斯或任何其他土耳其的仁慈邻居希望通过潜艇扩大他们的舰队,诺登菲尔特公司及其代理扎哈罗夫总是随时为他们服务。"

由于扎哈罗夫业绩出众,他很快就将自己的业务扩展到了整个欧洲。那时,诺登菲尔特在与希拉姆·马克沁及其机枪的竞争中处于下风。但在扎哈罗夫采取行动后,这个英裔美国人的胜利进军暂时停下了脚步。如前文所述,这位奇特的小个子美国人带着他那非凡的装置出现在维也纳。扎哈罗夫也在那里,带着较为逊色的诺登菲尔特枪,以及他无与伦比的对政府官员心理的了解和他的对手所不具备的语言能力。后来在马克沁的自传中,马克沁描述了自己在奥地利军官和记者面前的表现,但他对扎哈罗夫在那个场合同样壮观的行动避而不谈。

在马克沁机枪惊人地拼出皇帝名字首字母的掌声消退后,一个高大黝黑的绅士在记者中间穿梭,赞叹道:"精彩的表演!令人惊叹!没有任何枪械能与这款诺登菲尔特枪竞争!""诺登菲尔特?"一名记者问道,"不是马克沁发明的吗?""不,"这个显然对此事"了如指掌"的绅士回答道,"那是诺登菲尔特枪,世界上最好的武器。"为了确保在场的外国记者被"正确"引导,他用英语和法语大肆宣扬诺登菲尔特的优点。

扎哈罗夫以这种方式表演了虚假宣传代理人那令人叹为观止的"艺术"后，又开始向那些不太可能轻易上当的军官发表讲话。他开始大谈技术："只从这把枪来说，没人能与马克沁先生竞争。但这正是这项伟大发明的缺点：没人能复制它。因此，它只不过是一个魔术，一个马戏团的噱头。"他继续解释说，这个装置的每一个部分都必须以最高精度制造，百分之一毫米的差异就会导致枪无法工作，等等。所有这些谈话都极大地削弱了马克沁所造成的印象，以至于当这位发明者出现在战争部的办公室时，他受到了意外冷淡的接待。马克沁得知，一个来自伦敦的竞争者对他的枪械提出了质疑，通过极大的努力，他才得到了150把枪的订单。

这一事件对马克沁产生了巨大影响。他意识到这个狡猾的希腊人可以在销售游戏中击败他；作为一名发明家，他需要时间致力于自己的发明，而像扎哈罗夫这样的有进取心的人才更适合销售。而扎哈罗夫也对这把令人惊叹的机枪留下了深刻印象，此后不久，这个希腊人就在瑞典人诺登菲尔特的领导下，与马克沁携手组成了一家跨国军火巨头。后来，四处吞并其他公司的维克斯又合并了这家新的联合公司，而诺登菲尔特则在发现自己与马克沁的联盟无法继续之后就独自离开了，在巴黎成立了一家新公司。

通过与马克沁的合作，扎哈罗夫的佣金增加了，他的财富也随之增长。这并不奇怪，因为全世界的政府都处于持续的武器采购中。亚洲和非洲的帝国主义扩张引发了许多小冲突；希腊和土耳其再次卷入争端。最重要的是，美国和西班牙在古巴和菲律宾进行战斗。扎哈罗夫从西班牙获得了价值约2500万美元的订单，同时，他还因战争收获了爱情——在马德里这个愉快的地方，他爱上了一位出身宫廷的女士，并在那里享受了美好时光。

很快，扎哈罗夫在国际上确立了自己受欢迎的地位，他不仅在宫廷和政府部门中广受欢迎，还在各种外国公司的董事会中穿梭自如，并且总能携带丰厚的订单离开。在那个位于人民代表和利用他们的公司之间的灰色地带，他神出鬼没，只偶尔让好奇者瞥见一眼。记者和和平主义者只能通过暗淡的玻璃看到他，在零碎的谣言中，几乎每一个神秘的政治丑闻都与他那鬼魅般的身影联系在一起。

在一份泛黄的报纸中，我们重新发现了曾一度轰动法国政坛的图尔潘事件，这一事件在1889—1890年震动了法国政坛，是上世纪末在容易激动的法国首都所流行的"英国恐慌"之一。几十年后，世界早已忘记了曾有一个英国人被指控盗取了法国的炸药化学成分梅利尼特的秘密工艺，更忘记了这件事的幕后主谋，科尼利厄斯·赫兹。

但是扎哈罗夫的传记作者并没有忘记。在这两年间，谁也不知道这个希腊人在哪里。但是，传记作者发现新闻上对这位赫兹先生的描述与扎哈罗夫有着惊人的相似性。事件刚一结束,这位赫兹先生就消失了。扎哈罗夫不也是英国的代理人吗?他不也与在此事中闪烁其词的乔治·克列孟梭先生有着密切的关系吗?不过,传记作者博斯维尔先生没能找到满意的答案,也许,这两个人物之间根本没有任何联系。但这些猜疑并没有减少围绕着这位世界上最著名的军火商人身影的神秘气息。

在孕育了像拉斯普京这样的幕后角色的俄罗斯,扎哈罗夫展现了他最出色的一面。他懂俄语,而且与俄国人一样信奉东正教。他能与各种阴谋集团中最优秀的成员同流合污。为了赢得一位在授予军火合同中有重要影响力的大公的青睐,他甚至与大公的情妇建立了关系。贵族中流传着有关这个文雅的希腊人的奇异故事,尽管这些故事可能是扎哈罗夫自己散布的,以增强他在迷信的贵族中的地位。当有人问及他的这些壮举时,他会意味深长地笑着,承认自己的一生充满了冒险。

在日俄战争期间及战后,俄罗斯成为扎哈罗夫最活跃的地区之一。在后面的章节中,我们将会详细叙述当时那极为复杂的情况。外国军火商彼此争斗,联合又分裂,竞争极为激烈。位于黑海的尼古拉耶夫海军造船厂是当时法国和英国公司共同争夺的目标,扎哈罗夫则处于争夺战场的正中央。最后,他成为最终的胜利者。

受此鼓舞，扎哈罗夫横渡黑海，来到他步入国际市场的起点——博斯普鲁斯海峡的海岸。长期以来，土耳其的造船厂和海军火炮一直处于极其低效的状态，因此土耳其很快就将特许权授予了扎哈罗夫，以重组这些船厂。后来的事情我们也知道了：1915年，英国舰队在达达尼尔海峡徒劳的炮击，是对这位最杰出的英国军火商商业代表非凡成就的充分肯定。

在帮助了土耳其人之后，扎哈罗夫回到了土耳其人的敌人那里，怀念着他过往的辉煌。同时，还有一个充满潜力的领域在等待着他。相比于贪婪的法国人，俄罗斯政客更愿意接纳一个主动提议分享企业的人，即使这意味着他们要多花几百万卢布。

俄罗斯人希望建立一个大型火炮工厂。施耐德坚持要在乌拉尔山脉远端建造它，他在那里有一些土地，而且他想要将其变成一个纯粹的法国项目。但扎哈罗夫指出，在伏尔加河附近、接近顿涅茨盆地的一个富含煤炭和铁矿的地点更有潜力。他慷慨地提出，愿意将他的新工厂作为一个俄罗斯公司来注册，只要他能获得大部分利润。他对自己的提议如此有信心，以至于在合同签订日期前三周就买下了工厂用地。

当施耐德先生失望地退出后，这位慷慨的希腊人向乐于配合的俄罗斯人提供了更多的慷慨赠予。虽然好奇的英国议员们可能会出于嫉妒而将战争"秘密"严密保护,但在斯拉夫人和盎格鲁-撒克逊人之间,不存在这种吝啬的精神。因此,《晨邮报》的俄罗斯记者报道说:"英国公司已根据合同建造并配备了察里津(伏尔加格勒)工厂,并且同意在15年内协助生产火炮。公司还承诺将其所有工作技术知识、专利和改进等无保留地提供给俄罗斯公司使用,并保证其准确性。"

尽管在这些年里远离西欧,但扎哈罗夫并没有忽视培养与英国和法国的权力人物的关系。他的名字曾与英国著名的马可尼丑闻联系在一起,作为该公司的一名关联股东,同时也是轻率的劳合·乔治的朋友。当时,有人曝光劳合·乔治在马可尼公司利用马可尼公司的内幕消息获利,这严重损害了他的声誉;而一起卷入该丑闻的穆雷勋爵则像许多"神秘人物"那样,在调查委员会收集证据时选择远离故乡。这位勋爵不仅是扎哈罗夫的朋友,也是劳合·乔治的朋友,后来扎哈罗夫不无倾向地利用这些友谊来谋取好处。

实际上,扎哈罗夫还建立了许多像这样与强大的政治人物的联盟。他在法国的代理人是尼古拉斯·皮埃特里,是维克斯的董事。通过皮埃特里,扎哈罗夫与英伊石油公司建立了联系,而穆雷勋爵正是该公司的主要董事。英伊石油公司还有一家位于法国的附属公司,负责开发阿尔及利亚盆地，皮埃特里在该公司占有重要地位。此外，皮埃特里还是莱特贝纳公司的董事会成员，与克列孟梭的亲戚兼代理人杜塔斯塔是同事。同时，扎哈罗夫也不忘与克列孟梭的政治对手之一，庞加莱，保持联系。

通过穆雷勋爵，扎哈罗夫与克列孟梭，这位后来的法国总理建立了联系。无论是洛克菲勒还是扎哈罗夫都明白，法国人总会被昂贵的礼物打动，因此我们发现扎哈罗夫在索邦大学捐赠了一套航空训练设备。很显然，如果高卢人不正式承认这位值得尊敬的希腊赞助人，将会显得很不礼貌。于是在1908年，红色的法国荣誉军团勋章被别在了他的纽扣孔上，1913年则再次升级，以表彰他"为法兰西共和国所提供的服务"。一位法国参议员曾好奇地询问庞加莱关于这些"服务"的具体内容，但庞加莱并未回应这个问题。当然，还有其他对这位皮肤黝黑的恩人持怀疑态度的法国人。在扎哈罗夫在俄罗斯智胜施耐德时，阿尔伯特·托马斯在众议院情绪激动地说："俄罗斯报纸将扎哈罗夫描述为维克斯最活跃和最有企业精神的代理人，以及克鲁索的最重要竞争对手。"

这位国际商业的冒险者还赞助了巴尔扎克奖，这是每年授予优秀小说的众多奖项之一。对于扎哈罗夫来说，这个奖项再适合不过——他本人就如同巴尔扎克笔下的经典人物一样。与这位商业冒险家相比，赛查·皮罗多简直就是个侏儒。除了巴尔扎克，还有哪位小说家能创造出这样一个主角，融合了如此多的神秘与伟大、浪漫与现实？——他冲向马德里去追求他的情人比利亚弗兰卡公爵夫人，同时接下一个武器订单，与圣彼得堡的大公密切交往，在欧洲内阁部长中来回周旋（即使他们不愿承认这种关系），在白厅和奥赛码头①自由自在！这是何等迷人而神秘的人物！

即便置身于这疯狂的旋涡中，扎哈罗夫也从未忽视对第四权力的重视。1910年，每日画报出版公司发行了一份报纸，这份报纸在当时乏味的新闻业中就像小报在我们的国家一样新颖。著名的进步人士扎哈罗夫很快便收购了该公司的大量股份，这并不奇怪，而新创立的报纸也很快就摇身一变，成为巴黎最有影响力的亲英派报纸。每当维克斯公司因武器制造商之间的国际纠纷需要辩护时，这份报纸都是英国人最积极的辩护者。

那些喜欢列出全球最富有人士名单的新闻记者也开始将扎哈罗夫的名字与洛克菲勒和摩根的名字并列。这并不奇怪。扎哈罗夫在霍什大街的豪华酒店是法国首都的一大景点。他的夏日别墅遍布法国美丽的乡村，泰晤士河畔的都市社交生活中也从不会缺少他的身影。

---

① 白厅是英国政府所在地，奥赛码头则是法国外交部所在地。

他的商业活动变得更加广泛了。他仿佛是预感到了接下来的更大规模的行情，于是协助组织了一家奇特的跨国公司。1913 年，法国怀特黑德鱼雷公司（Société Française des Torpilles Whitehead）成立，主营鱼雷、水雷等。公司名称虽是法语，但 51% 的重要股份却是英国的，掌握在无处不在的维克斯手中，扎哈罗夫也因获得足够的股份而坐进了董事会。

"怀特黑德"的名字来源于詹姆斯·贝瑟姆·怀特黑德，英国驻法国大使，同时也是这家公司的一名股东。法国海军的奥贝尔海军中将则代表法国海军。但最令人惊讶的是，这家为了对抗冯·提尔皮茨的潜艇威胁而成立的公司，竟然接纳了弗里德里希斯鲁厄的玛格丽塔·冯·俾斯麦夫人——已故"铁血宰相"的女儿作为重要股东。此外，奥地利人，来自菲乌美的埃德加·霍约斯伯爵也是董事会成员。

除了与霍约斯伯爵的关系，扎哈罗夫还持有其他奥地利公司的股份——特申钢铁公司、伯格胡特武器工厂和著名的斯柯达工厂。在德国，他还持有克虏伯公司的股份。因此，这位希腊武器商人在战前刚好取得了作为国际武器资本家的主导地位，这是他向土耳其和自己的祖国同时销售潜艇的必然结果。他已经将自己提升到了类似于维克斯公司的主要负责人的地位，而这家公司业已成为世界上最大的跨国集团之一。他是维克斯在国际舞台上的导演,有着无与伦比的特殊才能;在他的指挥下,维克斯比任何其他公司都更多样化地展示了一家军备公司的各种活动。

第九章

英国议会的"继母"——维克斯有限公司

你的国家的政府？我才是你的国家的政府，我，还有拉撒路！你真以为你，还有其他几个玩票的政客，坐在那个愚蠢的议事厅里，就能够统治安德肖夫和拉撒路吗？不，我的朋友，你们只能按照我们的利益行事。当对我们有利时，你们就得发动战争；当不利时，你们就得保持和平……当我需求什么来维持我的利润时，你们就得把我的需求当成国家的需求。当其他人想要某些东西来降低我的利润时，你们就得马上召集警察和军队。作为回报，你们将得到我的报纸的支持，并且沉溺在自己是伟大政治家的想象中。

——军火商安德肖夫，出自《芭芭拉少校》

这段对军备形势的诊断具有可读性但又略带夸张，已成为人们所熟知的萧伯纳式特色。一方面，没有学者能证明军火商单独引发了世界大战，也不可能断言这些巨头能对政府发号施令；另一方面，政府并不能控制军火商，事情比这更为复杂。但政府与军火商之间存在密切关系是无可争议的,以英国为例,军火贵族构建了一个错综复杂的关系网,这使他们能在幕后甚至直接地影响公共政策。英国是议会的母亲吗？也许是。但毫无疑问的是,维克斯有限公司是议会的继母。

早在巴希尔·扎哈罗夫横空出世前,维克斯就已经是军备贸易市场的重要竞争者了,它的历史可以追溯到19世纪初期。当时,它仅仅是一个普通的工厂,但它也培养了无数来自世界各地的工程师,这在当时的英国工厂中并不罕见。19世纪40年代,克虏伯就曾前往英国,汲取英国的技术智慧。但几十年后,"德国制造"一词成为权威的同义词——角色互换了。这一次,年轻的托马斯·E.维克斯前往埃森接受学徒训练,在几年的深造后带着珍贵的日耳曼实践知识回国,很快就成了行业内的佼佼者。

起初,维克斯与克虏伯一样,专注于生产铁路车轮、铸钢块和缸体等普通产品；但到了60年代,该公司转型开始制造武器。他从制造枪管和装甲钢板开始,随着股息的增长,他开始和克虏伯一样制造大炮。一个名叫道森的炮兵中尉的设计为维克斯带来了大量的枪炮订单,不久之后,该公司就被认为是为英国海军生产大炮的最重要的制造商。

随着扎哈罗夫在90年代的出现,该公司呈现出更加冒险的性格。它收购了沃尔斯利工具与汽车公司,还有电气与军械配件公司。它与格拉斯哥的造船公司比尔莫尔合并，合并后的公司在意大利又建立了一个子公司，特尔尼公司，后来更名为维克斯-特尔尼。在扎哈罗夫的催促下，维克斯从那些只与英国政府打交道的平淡业务中醒来了。

当时，塞西尔·罗兹正以一种指向战争的不祥方式指导着英国在南非的政策，维克斯则借此机会在国际化的道路上迈出了第一步：它向与英国敌对的布尔共和国销售了速射炮。马克沁的机枪，非洲人口中的"Pom-poms"，现在也是维克斯的财产，被提供给了"保罗大叔"[1]使用。

地球的其他角落为维克斯及其代理人扎哈罗夫提供了肥沃的土壤。西班牙的军队虽然摇摇欲坠，但为他们供货依旧有利可图。日俄战争的双方都得到了维克斯提供的军备品。此时，这家英国公司已经在国际化的道路上稳步前进，向客户提供从机枪到战舰的每一种致命物品。

在南美和远东，维克斯的主要竞争对手是阿姆斯特朗-惠特沃斯公司。这家公司的销售员R.L.汤普森先生，虽不如维克斯的扎哈罗夫那般知名，却同样活力四射。他特别活跃于19世纪90年代，但直到1904年他因索要未付的薪水和佣金而起诉雇主时，世界才意识到这一点。他的律

---

[1] 指保罗·克鲁格，布尔人的领袖，后来的南非共和国总统。他被当地人亲切地称为"保罗大叔"。

师声称，他在阿姆斯特朗-惠特沃斯公司"拥有类似于私人外交代理人或某种私人大使的职位"。经过几天的法庭审理，此案得以解决；不过在审理过程中，还是揭露出了一些有趣的事实。

汤普森先生在为阿姆斯特朗-惠特沃斯公司工作期间，似乎还担任了《伦敦泰晤士报》的特派记者。他的第一份伟大工作发生在南美，在阿根廷与智利关系紧张之际，他尝试向这两个共和国同时销售战舰，最终智利成功购得。然后，他将业务转移到了暹罗、中国和日本。在审判中宣读的汤普森写给雇主的信件摘要揭示了他的工作方式：

"我将尝试与天皇会面，讨论你们的新战舰模型。尽管有诸多困难，我还将尝试向中国皇帝展示该模型。"

"我打算向日本人清楚说明（1892年美国海军力量的增加）这一点，我认为他们会在海军准备上继续前进。"

当"泰迪"挥舞他的"大棒"追赶"无灵魂的托拉斯"和"巨富罪犯"时①，我们以为，这是美国独有的商业整合时代的特色；其实，这一特点也席卷了英国。1901年，维克斯成了一个庞大的国际军备托拉斯哈维联合钢铁公司的一部分。维克斯-马克沁的管理董事艾伯特·维克斯是其

---

① "泰迪"是第26任美国总统西奥多·罗斯福的绰号，他在任期间对外奉行"大棒政策"，积极干涉美洲各国；对内主张限制托拉斯的规模，人送外号"托拉斯驯兽师"。

主席，而董事会则由许多对军备生产感兴趣的英国公司组成：造船商查尔斯·卡梅尔；造船商约翰·布朗；维克斯在一般武器工业上曾经的最大对手，W.G.阿姆斯特朗-惠特沃斯爵士；德国的克虏伯和迪林根；意大利特尔尼；美国伯利恒；强大的法国施耐德，以及沙蒂永和圣沙蒙钢铁公司……所有这些都是军备生产商。此外，还有许多其他集团也与他们建立了联系，尤其是诺贝尔炸药和奇尔沃斯火药公司。这是战神所拥有的强大力量的集合，涵盖了所有主要现代国家，包括英国、德国、法国、意大利和美国。

英国并不缺乏"打击托拉斯"的人物。那时，菲利普·斯诺登子爵已被选为下议院议员，此前他以揭露丑闻的记者身份活跃。在下议院，他向英国揭示了这种权力金字塔的演变情况：

"海军部首席大臣……不久前说，海军部与维克斯及另一家大公司在贸易上的关系远比一般的商业关系更为亲密。这或许解释了这些公司的代表为何能在内阁会议中被接见。爱国主义并不是这个大联合体商业方法的显著特点。例如，我发现维克斯公司在巴罗、谢菲尔德和伯明翰有工厂，但他们不仅限于这个国家。他们在西班牙有一个普拉森西亚-德拉斯阿玛斯工厂；在意大利的斯佩齐亚还有另一个工厂。他们显然是抓住了先机，预见了地中海舰队的建设计划。"

负责国防的政府部门与军火公司之间的关系是"亲密"

的，这并不奇怪。军火公司的代表往往是前军队或海军官员，这些官员退休后可能通过军火公司的薪酬来增加自己的退休金，这种合作关系让许多人感到满意。这些利益方都希望与政府前官员建立联系。他们需要了解"内部情况"的人，而退休的官员当然会与他们的老同事保持联系。正如斯诺登所说："这种亲密无疑基于人际关系，而其中一些情况可能涉及腐败。"当然，大部分为国防服务的令人尊敬的公仆们并不认为自己是贪污犯。这些人出现在维克斯的董事会上：赫伯特·劳伦斯将军爵士，前军需部审计员马克·韦伯斯特·詹金森爵士，J.F.诺埃尔·伯奇将军爵士，曾在战争办公室工作的J.A.库珀爵士，曾在军械委员会工作的A.G.汉考克爵士。然而，这种做法在政府和行业中已根深蒂固，以至于没人会将这看做是不寻常的腐败行为。

当一位以好战著称且与军火商关系密切的人物获得处理军需订单的有利位置时，这往往会引发大肆庆祝。约翰·布朗公司的查尔斯·D.麦克拉伦爵士，一位海军武器制造商，曾对"地狱杰克"约翰·费舍尔爵士掌控海军部的晋升发表评论：费舍尔是英国的冯·提尔皮茨，总是呼吁加强海军武装。在约翰·布朗公司的股东会议上，查尔斯爵士做出了一番乐观的估计：

"约翰·费舍尔爵士在海军部的任命对于我们这样的公司来说极为重要。我很高兴看到约翰爵士准备建造战舰，因为工作越重,我们公司得到的订单就越多。我们是装甲板、大型海用轴和涡轮发动机的制造商,一旦有大型项目,我们就能确保接到订单。"

但其触角的延伸远不止于此。1911年,一家英国金融期刊对三家领先的英国军火公司的董事会进行了如下分析,根据职位和职业对他们进行分类:

表一　英国三大军火公司的董事会构成情况

	维克斯-马克沁联合公司	约翰·布朗造船公司	阿姆斯特朗-惠特沃思公司
公爵	2	1	
侯爵	2		
伯爵、男爵及他们的妻子儿女	50	10	60
从男爵	15	2	15
骑士	5	5	20
国会议员	3	2	8
治安法官	7	9	3
国王顾问			5
陆军或海军工作人员	21	2	20
海军设计师或政府承包商	2		
金融家	3		1

续表

	维克斯–马克沁联合公司	约翰·布朗造船公司	阿姆斯特朗–惠特沃思公司
记者（包括报社业主）	6	3	8

可以注意到，贵族和有头衔的阶层是这些董事会中代表性最大的群体。对于那些熟悉这些阶层在英国政治中，尤其是在国防事务中的影响力的人来说，这份名单具有重要的启示性意义。此外，尽管这张表上没有记录，但"第一阶级"实际上也出现了，几位主教也被列为这些企业的董事。

但是，当战争的朋友们忙碌时，和平的朋友们也在觉醒。海军预算的增加引发了他们的怀疑，有人开始质疑谁应对这种战争倾向负责。维尔比勋爵，一个抵御了军备股份吸引力，并且在国家中担任着最高和最负责任的常务公务员职位的贵族愤怒地爆发了：

"我们处于一个由骗子组成的组织手中，他们包括政治家、将军、军火商和记者。他们都渴望无限制的开支，并且继续编造恐慌来恐吓公众和王室的大臣们。"

在下议院，斯诺登先生指出了谢菲尔德哈勒姆选区的国会议员当时是维克斯和卡梅尔莱尔德公司的债券信托人的事实。在后续的演讲中，他的个人观点进一步刺痛了更多的人：

"那么谁是股东呢？我找到的名单太长，导致我只能向各位提供其中的一小部分，但我发现这个议院里的尊敬的成员们非常广泛地涉及其中。实际上，如果我把石头砸向我对面的长凳，我就一定会砸到这家或那家公司的董事会成员……约克郡奥斯戈德克罗斯选区尊敬的议员……我祝贺他上周被选为自由教会理事会尊敬的主席……是伟大的帝国主义者。我发现他持有约翰·布朗公司的3200股股份和卡梅尔莱尔德的2100股股份。还有，谢菲尔德的另一位议员几乎出现在每个公司的名单上，正如他出现在每个议院的每次辩论中一样，每当政府可能在武器和船只上花钱的时候，他就会出现。另外还有埃克塞特选区的议员（S. 罗伯茨先生），他是约翰·布朗的股东，卡梅尔莱尔德的董事，也是费尔菲尔德公司的债券信托人，以及考文垂军械公司的股东。"

卡梅尔莱尔德公司的官员们并不仅仅依赖于他们的政府董事。1909年，尽管那时的皇家海军已经是世界上最强大的海军，他们仍然非常关注英国海军可能存在的弱点。德国舰队日益增长的威胁会导致英国的灾难吗？英国的军火巨头决心不让这种情况发生，他们决定让英国政府认识到危险，并通过增加更多无畏舰来预防这种危险。这些国家安全的守护者准备采取一切措施以确保他们的计划得到实施。

这一系列行动引发了1909年著名的"大海军恐慌"。H.H.穆利纳是考文垂军械公司的管理董事，那时该公司的部分股权由从事大型钢铁和船舶工程的卡梅尔莱尔德拥有。早在1910年之前，穆利纳先生就表现出了对英国海军国际地位的严肃关注。1910年，他在《泰晤士报》上发表了题为"一次伟大投降的日记"的文章，叙述了他的努力。这里有两条记录，为我们提供了关于他的工作的一个有趣的侧面：

"1906年5月13日，穆利纳先生首次向海军部报告了德国海军大幅增强的准备工作。"（这一信息直到1909年3月才对外界公开。）

"1909年5月3日，穆利纳先生在内阁做证，证明了他一直向海军部警告的德国加速生产军备的情况已成为事实，且该国正在快速生产大量的海军炮和炮架。"

在1908年秋季，穆利纳先生得到了一位著名英国将军的支持，后者在上议院悲叹"我们将在不久的将来迎来一个可怕的觉醒"。由于穆利纳先生的鼓动，当年的海军预算增加了200万英镑以上；而报纸上也巧妙地对德国可能的活动进行了推算。这直接驱使国会提出了一个大订单：他们需要八艘新的巡洋舰。他们的口号是——"我们要八艘，我们不会等待。"

最终他们得到了四艘战列舰，而且证明这些针对德国的指控是错误的。不过，穆利纳先生的客户卡梅尔莱尔德还是得到了这四艘战列舰的合同。而这也是他职业生涯的最后亮点：他自夸是这场恐慌的唯一作者。显然，对英国公众来说，这样轻率的发言太过刺激了。此后，他作为联络人的作用大大降低，公司最终也决定免去他的职位，代之以一位专门从事海军火炮和鱼雷研究的退休英国海军上将。

虽然穆利纳先生的职业生涯受到影响，但他的公司很快从这次阴谋曝光中恢复过来。对于军火商来说，1913年最令人振奋的消息之一是考文垂军械公司不再被"孤立"。在穆利纳先生坦白之后的一段时间内，该公司没有从政府那里接到任何订单，但温斯顿·丘吉尔这样的重要人物赦免了他们，并欢迎他们回归。在考文垂的股东会议上，阿伯康威勋爵[①]似乎不再对未来有顾虑了，他声明道：

"考文垂正在改善，但这（穆利纳事件）对他们的财务还是产生了巨大的拖累，而且将会持续一段时间。该工厂之前并未被政府完全认可为国家军备制造的重要组成部分，但在去年秋天，公司代表和温斯顿·丘吉尔先生一起参观了斯科特森工厂，那里负责制造海军的重型炮架，当时丘

[①] 约翰·布朗造船公司主席。1905年，在英国政府的鼓励下，约翰·布朗、卡梅尔莱尔德、菲尔费尔德三家军工企业合并为考文垂军械有限公司。

吉尔先生给了他一个保证——现在他也兑现了这个保证。考文垂现在将被视为政府最重要的供应商之一，而不是像过去几年那样被冷落。"

从这些故事中可以看出，萧伯纳笔下的安德肖夫可能毕竟不是那么夸大其词。实际上，一些军火商在远离"好事之徒"和记者耳朵的范围内发表的观点，很可能就在《芭芭拉少校》中出现过。

当加拿大海军事务荣誉部长路易斯·菲利普·布罗德尔与他的同事，民兵部长弗雷德里克·博登爵士，在战前不久来到伦敦时，维克斯的高层在卡尔顿酒店热情款待了他们。当时英国自由党首相一直在探索裁军的可能性，这就引起了这几位好客的军火商对这种反社会和反财务政策的强烈不满。"生意不好。"一位高管向布罗德尔先生吐露。"在像坎贝尔-班纳曼这样的人担任职务时，情况怎么可能会好呢？我们已经七年没有战争了。"当他倾吐这些亲切的情绪时，他的一个同事对弗雷德里克爵士抱怨说："因为缺乏一场战争，帝国正在走向衰败，最糟糕的是，甚至连一场小战争都没有。"

这些秉持和平主义的加拿大人对这些评论感到震惊，但对维克斯来说，日本买家可能才是他们更欢迎的听众。1910年，日本负责监督战舰建造的藤井海军少将访问英国。少将看中了维克斯的规格和投标，维克斯公司因此获得了这笔生意。后来,这个少将因违反日本法律而陷入困境,这证明了维克斯先前为了回报他的好意,曾向他行贿。也许,这笔贿赂还相当丰厚,因为这个少将曾向上级报告说,维克斯的投标和规格比任何其他竞标者都要低廉和优越。

事实上,维克斯并不是唯一的腐化者。其他公司也向这个贪婪的日本使节的钱袋里增添了资金。海军建造师花本海藏曾访问过英国的亚罗工厂,在那里,A.F.亚罗向他展示了一种新型的驱逐舰,它的油料消耗比其他型号更低,因为它采用了那一年的一项新发明技术。藤井少将采纳了他的建议,随后这个建造师的私人账户就接到了亚罗先生的汇款,不仅有亚罗先生的1750英镑,还有维尔公司为了一笔泵和其他机械的订单而汇过来的1000英镑。德国的西门子和舒科特也曾试图向藤井少将行贿,他们可能也成功得到了订单。审判期间揭露的材料显示,确实存在一套与军备公司密切相关的复杂贿赂体系。

其他国家对日本的这种悲哀状况提出了指责。对这些指责十分敏感的日本在1914年7月23日的《日本周刊纪事报》上的一篇文章中也做出了自己的回击:

"在与国家服务中存在的贿赂和腐败有关的问题上,没有哪个国家有资格对日本指指点点。就在最近,一系列与向英国军用餐馆供应物资有关的丑闻在法庭上被曝光,涉事公司……已被从政府合同的名单中剔除。在德国和其他国家，也发生了同样令人厌恶的案例。这些清楚地表明，'军备'行业已经变得和其他热衷于金钱攫取的行业一样卑鄙。看来，在一些国家，承包商如果急于获得订单，似乎就必须得将努力诉诸那些即使不是完全犯罪，也是极度不道德的做法。即使获得了订单，有时还需要进一步的腐败。"

这些因素——腐败、媒体影响、董事会、股份持有、友好的议员构成了一条在战前几年日益收紧的围绕着英国的绳索。当像菲利普·斯诺登这样的人揭露了危险的真实面貌时，维克斯正在变得日益强大。它所属的大型钢铁托拉斯于1913年解散，此后公司就开始了激烈且漫长的竞争，以获取更大的订单。这是一场比之前更加狂热的竞争，并在著名的普蒂洛夫案件中得到了充分的展现，这个案件使另一个巨型公司进入了竞争的第一梯队。

第十章

克鲁索"公爵"——欧仁·施耐德

> 如果说他们是爱国者,那也是一种新的、不偏不倚的爱国者——周一是英国人,周二是俄国人,周三是加拿大人,周四是意大利人,就像从中国到秘鲁的订单一样。
>
> ——佩里斯,一名军火商

在勃艮第,有一个阴暗、沉郁的工业城镇,其街道和房屋因巨大的烟囱林立而满是煤烟和污垢,与北面那些快乐的酿酒城镇形成鲜明对比。城镇狭窄的街道围绕着一座山,山顶上,有着门楼和公园环绕的韦雷里城堡,就像一个真正的中世纪领主一样俯视着它的臣民。作为下方工厂及其主人的象征,六门青铜大炮坐落在庭院内,炮口指向宏伟的大门。这是欧仁·施耐德先生的家,他是克鲁索军备领地的领主,也是世界上最有权势的大炮商人之一。

尽管他的名字带有明显的日耳曼气息,但施耐德先生是个土生土长的法国人，就像维克斯先生无可争议地是英国人一样。他的祖先来自当时还没被德国占据的阿尔萨斯；而且，凭借阿尔萨斯人特有的企业精神，起初在一家银行担任职员的克鲁索主人的祖父，对工程过程产生了兴趣，并对收购破产公司的方法产生了超乎寻常的兴趣。1833年，当自路易十四以来就一直为法国君主供应铁制品和武器的克鲁索铸造厂破产时，他买下了克鲁索铸造厂。

克虏伯是一个不知疲倦的工业家和企业家；马克沁是一个发明家；巴希尔爵士是一个超级销售员；施耐德家族则是典型的法国工业家，用当时其他法国商人共有的方法在法国耕耘他们熟悉的领域。他们在军火产业的发展中没有提供新的东西，但他们很好地吸收了其他国家军火商的技术。

施耐德的创始人，约瑟夫·欧仁·施耐德，本质上是一个银行家，他展示出了法国商人依靠与统治国家的政治家合作以谋生的能力。由于缺乏高超的技术能力，他的工程事业在经济上陷入了困境，到1850年已濒临破产。然而，他具有先见之明，支持了当时正在策划著名政变的路易-拿破仑。当拿破仑从香榭丽舍大街凯旋而归时，施耐德先生也成功避免了灭顶之灾。

拿破仑三世创造了，或至少给予了现代工业法国进行创造的动力。在他的统治下，豪斯曼男爵改变了巴黎的面貌，其他通过自己的商业敏锐度和拿破仑三世的友谊而被提升为贵族的男爵们也建设了许多铁路、工厂、船舶，并诱导法国农民用他们传统的"藏在袜子里的钱财"来资助这些企业。

施耐德参与了这一伟大的发展。他的工厂被改造，用于制造铁轨和其他制造商需要的生铁、薄铁板，还有打桩机。帝国军队也需要建设，作为拿破仑三世顺从的立法团的一员，这个狡猾的阿尔萨斯人赢得了许多军事物资的合同。当普法战争来临时，施耐德发现，这次将他的伟大恩人送入永久流放的惨败比之前还要有利可图。战争为克鲁索带来了如此多的大炮和弹药订单，以至于当法国人签署了屈辱的和平协议时，施耐德成了一个亿万富翁——除了他的工厂和房地产，他还拥有大约一亿法郎的证券。

19世纪的后几十年，施耐德致力于投入大量时间修补他的政治关系并巩固他的工业权力。像许多其他第二帝国的保守派一样，共和国宣布成立后，他倾向于支持保皇党，但当具有煽动性的甘必大开始挑战那位爱尔兰至高国王的后裔麦克马洪元帅时，施耐德发现克鲁索的选民不愿意选他进众议院。他在选举中遭遇了屈辱性的失败，不得不在他家门口忍受一个共和党的代表。

然而，共和党人同样是精明的资本家，所以当施耐德试图在工厂中压制劳工时，他并未遇到太大阻碍。就像萧伯纳笔下的安德肖夫一样，他完全可以夸耀"当其他人想要通过某些东西压低我的利润时，你们会召集警察和军队"。实际上，在激进的80年代，共产主义者在克鲁索挑战他的权力时，他的共和党对手们也确实动用了军队为他效劳。在国家和一个复杂的间谍系统的帮助下，他镇压了工会，也恢复了他如此渴望的政治权力。后来他的儿孙们继续了他的事业，通过威胁要解雇那些不按照指示投票的员工，年轻的欧仁·施耐德二世获得了令人垂涎的代表职位。从1900年到1925年，欧仁·施耐德二世连续在众议院任职。

刚进入国际军火市场，施耐德就遇到了困难。在20世纪初，他在南美做出了巨大努力，但无论走到哪里都遇到了无处不在的克虏伯的强烈反对。1902年，巴西政府正严肃考虑购买一些施耐德生产的法国75毫米炮。克虏伯和施耐德都相信自己会获得胜利。但就在测试日的早上，存放法国样品的仓库发生了大火，75毫米炮被毁。法国人指责德国人纵火，而德国人反驳说法国人因为害怕测试而自我淘汰。

随后施耐德再一次发起了冲锋。1903年，巴西政府为了订购新的火炮，再一次展开了测试。但施耐德将火炮运抵巴西港口后，却找不到一家愿意将它们运往内陆的公司，因为它们是危险的"军需品"。等到这些炮最终被带到测试场时，一切都已经太晚了。

施耐德还没有承认失败，他提出支付另一次测试的所有费用。克虏伯也采取了行动：一名驻扎在里约热内卢的德国炮兵上尉，冯·雷斯托夫，通过媒体传播了一则消息，声称秘鲁正被施耐德武装以对抗巴西。巴西必须通过立即武装自己来应对这一威胁。克虏伯准备帮助巴西应对这一危险，只要巴西能及时理解局势；而巴西政府也意识到了这一点，并向克虏伯下了订单。

1906年，双方转战阿根廷。那一年，施耐德应阿根廷政府的邀请参加了一场快速射击炮的测试；参加测试的还有埃尔哈特（德国）、克虏伯、维克斯和阿姆斯特朗。从一开始，参赛者就被告知克虏伯已经提供了这种类型的炮，除非出现更优秀的产品，否则合同将不会有变动。

施耐德接受了条件并参加了试验。克虏伯获得了其他参赛者未能享有的巨大优势。比如，法国人指控克虏伯可以在测试前就训练阿根廷炮手使用克虏伯大炮；当克虏伯大炮出现问题时，他没有被自动淘汰，而是换了一门新的继续测试；克虏伯使用的是更好的弹药，他以缺乏弹药为由规避了多次测试。

经过长时间讨论，负责的兵工委员会在1908年的报告中称，施耐德的大炮证明了其优越性。[1]克虏伯立即开始努力反驳这份报告，在阿根廷针对施耐德展开了一场密集的媒体运动。由于他们动用了德国的外交援助，阿根廷议会介入，议会指定了一个新的特别委员会来调查此事。该委员会报告称，克虏伯和施耐德的炮同样优秀，它们应获得相同的评级。由于阿根廷之前就宣布过除非有更好的炮否则不会做出任何改变，克虏伯保住了阿根廷这个客户。[2]

1908年，施耐德应智利政府的邀请参加了特种炮，特别是机动野战炮和山地炮的测试。测试定于1909年4月进行。施耐德付出了巨大的努力制造特殊炮，并准备好了运输它们。然而，在1909年1月11日，智利通过电报宣布取消测试，订单已直接授予了克虏伯，无需经过竞争。施耐德提出抗议，并要求赔偿其费用，但智利政府保持沉默。施耐德试图对智利施加外交压力，但无果，克虏伯再次获胜。

与此同时，这位法国制造商转向了其他法国影响力更

---

[1] 这很有可能是事实，因为在世界大战之前，克虏伯大炮在其他地方就已经被法国和英国的大炮打败了。

[2] 这些故事来自一个对克虏伯怀有敌意，而对施耐德和法国有利的消息来源。但我们仍然没有理由怀疑这些事实。参见梅特罗特《法国与南美诸共和国》，第14—25页。

为显著、成功机会更大的地区。法兰西共和国致力于维持并巩固其与俄罗斯的联盟，自然期望法国的武器和其他工业产品制造商跟随国旗而进行贸易。俄罗斯的经济发展不足，需要节省资金，这为包括施耐德在内的法国商人们提供了特殊的机会。

巨额的俄罗斯债券在巴黎发行，谨慎的法国投资者被说服支持沙皇政权，结果在15年后，他们迎来了苦涩的破产。但在合作之初，法国制造商从这个政治和金融联盟中攫取了巨大利益。随着日俄战争的爆发，不仅工业家，法国政治家和记者也从联盟得到了好处。

苏联成立后，曾披露了一些沙俄时代的档案，其中包括沙俄驻巴黎代理人阿瑟·拉法洛维奇的报告。这些报告为对法国新闻界状况及其对国家政策影响感兴趣的人提供了引人瞩目的阅读材料。拉法洛维奇的任务是贿赂法国新闻界，以便不让俄罗斯革命活动的报道、恐怖分子的暴行、罢工和工业崩溃吓跑法国投资者，从而保证俄罗斯债券的销路。

哈瓦斯社，在法国地位相当于美联社的新闻机构，被俄国人腐化了。为了让他们更好地"处理"俄罗斯新闻，这家新闻社每个月都能得到一万法郎的赞助。这里，还是让拉法洛维奇的报告自己说话：

"对（法国）新闻界的补贴始于1904年2月，当时远东爆发敌对行动引发恐慌。应财政部长莫里斯·鲁维埃（后来成为法国总理）的请求，俄罗斯财政部长开设了20万法郎的信用贷款。资金通过法国部长的代理人勒努瓦先生发放，并持续到8亿法郎债券得到保证为止。……俄罗斯国内的事件，如骚乱、叛乱和屠杀，使持有我们证券的法国人心态如此不安，如果对新闻界放任自流，它肯定会进一步动摇公众舆论。……形势如此危急，因此巴黎银行向我们提供了5万法郎，分配如下：哈瓦斯社1万法郎，《时代报》的埃布拉德7000法郎，《日报》在11月30日和12月30日各4000法郎。对哈瓦斯和《时代报》的昂贵牺牲是绝对有必要的……直到债券发售计划完成之前，我们都必须全力支持这些媒体……报纸变得更加贪婪……我们必须继续提供3个月的10万法郎，并预计向哈瓦斯支付更长时间的每月1万法郎。"

1904年，贿赂金额达到935785法郎，1905年达到2014161法郎。"10个月内，法国那可恶而贪婪的新闻界将吸走60万法郎。"1906年，拉法洛维奇写道，为了保证那一年的债券，《时代报》被贿赂了10万法郎。拉法洛维奇账目上的其他项目显示，还有一笔5万法郎被分配给了《时代报》《小巴黎人报》《日报》《费加罗报》《高卢人报》和哈瓦斯社。另外还有一份总额达3796861法郎的清单（包括广告费用），被分配给了以下媒体：《争论报》《巴黎回声报》《自由报》《祖国报》《闪电报》《启示报》《激进派》《永不妥协》,以及最出人意料的《巴黎生活》①。

当加邦神父带领他的无产者走向冬宫之门,当哥萨克骑兵屠杀了这些饥饿的人民,以及1905年未遂的革命震惊了世界时,很少有人将这些事件与法国的俄罗斯宣传攻势联系起来。更不会有人察觉到普蒂洛夫工人参与骚乱与欧仁·施耐德的企业之间有任何联系。

普蒂洛夫工厂是圣彼得堡的一家俄罗斯军工厂,由于国际势力的严重影响,工厂的失业工人准备好参与任何骚动。而施耐德-克鲁索也在增加其人员,他们有非常充分的理由。

日俄战争惨败后,俄罗斯的陆海军需要从根本上进行重组,其陆地炮兵需要更新,海军也需要完全重建。作为协约国成员之一的法国,也急切希望其盟友能够武装自己,以应对日益增长的德国威胁,而最为急切的莫过于武器制造商。因此,随着资金从沙皇的国度流向法兰西共和国工人的薪资袋,普蒂洛夫等公司发现他们的业务减少,工人们闲在街头听从激进煽动者的号召。

这给正努力实施民主制度并拥有经选举产生的杜马的俄罗斯政府造成了一个尴尬局面。虽然寻求法国贷款的统治阶层想要偏袒外国支持者,但杜马和资产阶级分子则要

---

① 《巴黎生活》是20世纪初著名的情色杂志。

求俄罗斯本土商业在新的开支计划中有更大的参与度。最终，在所有革命和劳工骚乱被平息，以及"驯服"的杜马展现和解的情绪之后，沙皇从这一机构获得了总计6.2亿美元的拨款。但泛斯拉夫主义的支持者坚持认为，这笔钱应该花在俄罗斯的车间里，"为了俄罗斯人的俄罗斯"成了流行的口号。

这是一个响亮的口号，但在经济层面上难以实行，因为俄罗斯并不独立。俄罗斯依赖英国和德国的煤炭，这些货物必须长途运输至涅瓦河的英国船舱。同时，为了获得贷款，它必须安抚巴黎的证券市场，而原材料则需从全欧洲各地运来。此外，在沙皇统治下的俄罗斯需要技术顾问和熟练工程师来指导工业。俄罗斯的所有公共服务，特别是电车和电厂，都由英国人和德国人操作，煤矿最初是由一个威尔士人开采的。总之，这个深具民族主义精神的国家拥有一个"国际化的"统治阶级，他们使用外国语言进行礼貌和商业交流，并由具有国际视野的家庭教师团队培养。最重要的是，在战争材料的制造方面，俄罗斯的工厂无法高效生产出其他欧洲公司的产品。难怪，尽管有杜马的决议，普蒂洛夫和其他工厂还是必须依靠外国人的帮助。

现在，一场对俄罗斯最非凡的多语种入侵发生了，这场入侵远比拿破仑1812年的著名侵略更为强大和成功。直到很多年后，外国人才从莫斯科最终撤退；迫使他们撤退的不是莫斯科的气候,而是布尔什维克,但这种形式的入侵仍然带来了极其丰富的成果。

外国公司大多集中精力于新的俄罗斯海军建设计划,因此,在波罗的海和黑海的各个造船厂中,出现了一群五花八门的欧洲承包商。约翰·布朗公司、维克斯有限公司、阿姆斯特朗-惠特沃斯、法国-比利时公司、勒阿弗尔的奥古斯丁·诺曼、施耐德-克鲁索、里加的卡尔·蔡司、埃尔宾的F.舒豪——这些名字代表了建设计划中的英国、法国、比利时乃至德国元素。

黑海尼古拉耶夫造船厂的情况很好地说明了这一点。三艘无畏舰的建造合同被授予了俄罗斯造船公司和法国-比利时公司。前者实际上是由圣彼得堡的一家私人银行资助的,这家银行以混合外国资本的形式作为掩护而存在,实际上是巴黎法国兴业银行的子公司。而法国兴业银行与约翰·布朗公司、霍尼戈夫先生、维克斯和其他英国公司有着密切的联系,这些公司将获得大部分此次海军业务。

施耐德先生在这最后的联合中扮演了什么角色呢?实际上,他根本不在其中。因为他与另一家法国银行——巴黎联合银行结成联盟,而这家银行是法国兴业银行的激烈竞争对手。巴黎联合银行资助了圣彼得堡的普蒂洛夫工厂,自然地,施耐德先生在那里获得了生意。法国兴业银行在黑海地区扎根。因此,在争夺合同的斗争初期,入侵者中的两个派系形成了战线：一方是施耐德和巴黎联合银行；另一方是法国兴业银行，联合英国、比利时和其他法国公司。

在另一条战线上，施耐德的处境甚至更加不乐观。俄罗斯人提议建造一个大型的火炮工厂，目的是为斯拉夫军队装备著名的法国75毫米炮。施耐德当然希望用法国资金建造的法国炮会受他的控制。他非常渴望阻止俄罗斯人建造自己的兵工厂，由他们自己的人操作。因此，他努力争取将新的火炮工厂设在乌拉尔的彼尔姆，他在那里拥有宝贵的地产。但灵活的扎哈罗夫绕过了他，说服俄罗斯人按照维克斯的建议在位于伏尔加河上的更佳地点建设沙皇工厂，这是英国人及其朋友法国兴业银行的胜利！

俄罗斯决定再次加入战斗，决心在这一巨大的建设计划中争取一席之地，并为普蒂洛夫获得波罗的海上的一些造船厂。普蒂洛夫已经获得了施耐德及巴黎银行500万法郎的资金支持，可这家银行不愿意再投入更多宝贵的法郎了。此外，巴黎联合银行也因巴尔干战争而被冻结了在近东地区的贷款，这使它感到处境困难。所以，当克鲁索的大客户请求资金时，它不得不拒绝。

施耐德决心支持普蒂洛夫的计划，于是转向竞争对手法国兴业银行——后者当然拒绝为施耐德提供资金，毕竟他们早已与英国人结盟了。此时，这个备受困扰的法国人只剩下了一个选项。事实上，他一直与德国的克虏伯公司密切合作，俄罗斯人虽然偏爱法国的轻型火炮，但也希望使用克虏伯的优质产品，因此施耐德购买了在俄罗斯使用克虏伯专利的授权。克虏伯及其在奥地利的子公司斯柯达都很富有；此后，我们就看到了一个法国人寻求德国资本用于建造俄罗斯武器的奇特景象。

斯柯达在维也纳信贷机构的支持下，同意承销新增发的普蒂洛夫股票的1/4，施耐德则负责剩下的部分。因此，法国兴业银行和英国公司面对的是一个法德联合体。这是一场国际金融和工业的巨大冲突，是整个被称为普蒂洛夫事件的丑闻的基础。

但法国兴业银行还没有输。董事们意识到普蒂洛夫需要资金，施耐德处境依旧艰难。他们决定努力从施耐德手中夺取普蒂洛夫的控制权，因为施耐德仍然需要筹集资金以承销股票增发的剩余部分。他们提出提供普蒂洛夫所需的全部资金。此时施耐德离失败几乎只差一步——在乌拉尔被拒绝，沙皇工厂被英国人夺走，现在在俄罗斯的最后堡垒普蒂洛夫也要被人抢走。他准备采取最英勇的措施来拯救他在俄罗斯的利益。

1914年1月27日，《巴黎回声报》刊登了一则来自圣彼得堡的电讯，内容如下："有传言称圣彼得堡的普蒂洛夫工厂刚刚被克虏伯公司购买。如果这个消息准确，它将在法国引起很大的反响。众所周知，实际上俄罗斯政府已经采用法国的战争材料加工工艺。直到现在，这些材料的大部分都是在普蒂洛夫工厂由来自克鲁索的法国工人制造的。"

接到这条新闻后，法国确实发出了很强烈的"感受"。法国爆发了自德雷福斯案和阿加迪尔案以来最大的舆论风暴。什么？那个恶魔般的克虏伯公司，德国对法国威胁的核心，竟然要买下普蒂洛夫工厂，连同那个重要的"秘密"——法国著名轻型火炮的设计？巴黎的大街上充斥着愤慨之情。杜梅格总统发电报给法国驻圣彼得堡的大使，要求他立即调查此事；卡约总理也承认了此事的"严重性"。而施耐德先生在被《祖国报》的记者询问时，也承认这是"严重的"。这名记者还了解到，施耐德先生只知道他在报纸上读到的内容。

记者："但是，普蒂洛夫为俄罗斯军队制造的战争材料是由法国人发明的吗？"

施耐德先生："普蒂洛夫工厂确实在按照我们提供的设计制造战争材料，我们有来自克鲁索工厂的代表和他们在一起。"

记者："但如果克虏伯公司真的买下了这些工厂，德国人不就能接触到我们的制造秘密了吗？"

施耐德先生（做了一个无力的手势）："这非常严重。"

记者："非常严重！"

施耐德先生："这条新闻肯定是不准确的。"（同样的无力手势。）

对于易激动的法国报纸读者来说，这个肩膀的耸动是多么的雄辩有力啊！他们在整个事件中看到了德国和背叛的俄罗斯之间的阴谋，法国已经为装备希望在下一场战争中击败德国的军队向他们支付了数以百万计的法郎。法国再次被其信任的盟友欺骗。很难说法国人对德国的愤怒是否超过了对俄罗斯的愤怒。尽管克虏伯否认与此事有关，但这反而增加了法国人的怀疑。《巴黎回声报》继续火上浇油，他们声称背叛了盟友的英国人正在与克虏伯就这个计划合作。当然，维克斯的代表也否认此事。

可能是为了报复这种无端的怀疑，伦敦《泰晤士报》的圣彼得堡记者通过电报向报社透露了他对情况的"内部"看法。他说："法俄关系在军备订单方面的问题受到特别关注。有人抱怨说，鉴于两国的经济和政治联系，法国工业尤其是在海军建设方面没有获得其应得的订单比例。在过去的几个月里，据称俄罗斯海军的订单已经分别给予德国6900万卢布、给予英国6700万卢布，而只给予法国5700

万卢布。"

第二天,这名记者又莽撞地进行了跟进报道。他说,俄罗斯人希望他们的普蒂洛夫工厂能得到大约 1000 万卢布,由于施耐德不愿再次松开钱袋,俄罗斯人不得不进行一种"佯攻"以吸引德国资本;施耐德"将在巴黎努力利用这个机会,以确保法国在俄罗斯战争部和海军部订单中获得更大的参与";此外,俄罗斯政府即将发行一笔新债券,为此需要巴黎市场的好感,"现在,除了海军建设,几乎没有任何真正的'秘密'存在于战争材料的制造中。那种令人钦佩的法国野战炮正在被制造用于意大利海军。事实上,德国军事当局早已熟悉它了"。

《泰晤士报》记者在揭露战争"秘密"的事实时做得很好,尽管有些晚了。但当他声明狡猾的斯拉夫人向德国佯攻,以从施耐德那里获得贷款时,其实就已经受到了误导。如果他跟进了有关计划中的俄罗斯贷款将在巴黎发行的新闻,他就会找到问题的根源。实际上,这笔贷款已经为窘迫的施耐德先生安排好了一份摆脱困境的至高无上的方法,为他提供了击败敌人的手段,施耐德的计划设计得确实很精妙。

这笔即将发行的债券,旨在筹集俄罗斯急需的铁路建设资金。两国的外交官和金融家已经小心翼翼地为巴黎市场做好了准备。为了承销这笔债券,所有的法国银行必须联合起来在证券交易所发行债券。正如我们在1905年及后来的大腐败事件中看到的那样，俄罗斯必须有效地管理新闻界，以免丑闻、兵变或革命的新闻吓到将购买俄罗斯债券的法国投资者。通过首相、王子和其他显要人物的礼节性访问，俄罗斯开始了对法国公众舆论的精心塑造，这些感人的场面预计会激励潜在的债券购买者冲向银行购买债券。

法国人当然会去购买这批债券，除非还有克虏伯购买普蒂洛夫这样的灾难性新闻介入。施耐德先生很清楚这笔债券背后的心理背景，他看到了机会。因此，他命令其在新闻界的有偿代理人从圣彼得堡向《回声报》发送假新闻，紧接着就是他精心安排的带有戏剧性手势和忧虑呼喊的采访。效果十分令人满意。正如施耐德先生所说，这条新闻确实是严重的，但其"严重性"主要影响俄罗斯人和已同意承销债券的法国银行家。这笔债券的销售计划现在正岌岌可危。

原本打算轻易接管普蒂洛夫并击败施耐德的法英联合体大为震惊。确实，他们已经掌握了有力的材料，足以揭露施耐德的内幕交易和与德国人的联盟。如果揭露施耐德与恶棍克虏伯勾结，准备将"法国秘密"牺牲给敌人的消息，肯定会让这种爱国联合——法国和英国的正统协约——从中获利。但如果这一秘密被揭露，法国的公众舆论将更加不安，铁路债券肯定会失败。同时，作为这笔债券参与者之一的法国兴业银行也会受到损失。

幕后紧急会议频繁举行，施耐德也从未远离过这些会议。法国兴业银行意识到，与其付出巨大代价，不如承认在将施耐德赶出普蒂洛夫的计划中失败。在《回声报》收到那封具有划时代意义的电报的三天内，包括法国兴业银行在内的一系列法国银行都转而同意为普蒂洛夫提供必要的资金。施耐德仍然控制着这个备受争议的工厂，法德联合体击败了法英联合体。对于这个狡猾的阿尔萨斯人来说，这是一次伟大的胜利，因为他不仅保留了在俄罗斯的据点，还迫使他的对手为工厂的维护和扩张提供资金。

当财团达成这一协议时，动荡的法国新闻界就像海神波塞冬用他神奇的三叉戟平息了大海的愤怒一样彻底安静下来。1月30日，曾在几天前迅速跟进《回声报》，向广大法国人民敲响警钟的《时报》公开承认"整个事件的影响被过分夸大了"。在20世纪30年代因法国对裁军结果的恐惧而获得巨大利益的安德烈·塔迪欧曾在《时报》上对此事这样评价："在我们这个时代，那些被制造出来的'秘密'总是看起来有些混乱；我们可以举一个例子，就是我们为意大利军队制造的标准法国大炮。"2月2日，杜梅格总统用以下话语宣告了著名的普蒂洛夫事件的终结："这个事件是为了法国的最佳利益而处理的。"

伦敦记者和塔迪欧先生是对的。意大利，这个脾气暴躁的中央强国的盟友，同时也是法国的潜在敌人，一段时间以来一直在使用专门为其设计的 75 毫米火炮。事实上，意大利的轻型火炮大部分都由法国提供。

施耐德先生精通国际军火贸易的诸多技巧，这使他能够与保加利亚签订一项颇为成功的交易。一张保加利亚的斐迪南亲王在欧仁·施耐德本人的引导下视察克鲁索工厂的照片讲述了这个故事。1906 年，这位巴尔干亲王来到勃艮第购买武器，法国政府也给予了他足够的支持。鉴于订单规模巨大，保加利亚议会特别对亲王进行了质询。在听取了他的陈述后，财政委员会决定拒绝拨款。当时，保加利亚恰好向法国申请了一笔贷款，法国政府便以此发出声明：如果议会不给拨款，这笔贷款就不会被批准。保加利亚议会只好妥协，他们得到了贷款，施耐德也从这笔交易中获取了巨额利润。

随后，施耐德先生将其活动推向了更远一步。1914 年，有意购买一批武器的土耳其向法国申请了一笔贷款，在被正式引导参观克鲁索并见证了一次令人满意的演示后，土耳其海军部长当场就下了订单。本来，海军部长是有钱支付这笔订单的，然而，当时已经是 1914 年 7 月末了，不久，大战爆发，订单无法完成，土耳其人不得不借道瑞士回国。回国路上，他们经过了德国的埃森和皮尔森，在工厂短暂逗留后,他们将这笔钱用来购买了对抗法国及其盟友的枪炮。

在第一次世界大战爆发时,施耐德-克鲁索已经是一家成熟而强大的军火公司了。它在南美艰难的市场竞争中勇敢地站稳了脚跟。它在著名的普蒂洛夫事件中赢得了荣誉。到了1914年,它开始从祖国的潜在敌人那里获得业务。它通过一些特定的方法达到了这一地位——通过培养政府关系,通过玩弄国际银行的复杂游戏,通过刺激战争恐慌,以及通过操纵新闻界。这些不仅是施耐德的工具,也是整个军火行业的工具,只有通过详细审视这些工具,才能公正地认识到这个行业在创造导向战争的情势中的非凡力量。

第十一章

世界大战前夜的军火商们

> 一个普通公司可能会利用所有可用的手段在有利的条件下获得生意。就其性质而言,军火商也采取了类似的政策;但由于交易对象是国内外政府,当他们采取普通商业生活中司空见惯的方法时,人们总会提出特别的反对意见。事实上,一家公司必须研究其客户,并且必须尽可能密切地关注可能的需求。有些人永远不会理解这笔生意。
>
> ——《武器和爆炸物》,英国军火工业的期刊

现代军火商是大机械化生产的产物。军火工业中快速的技术进步和大规模生产带来了市场及商业战略上的挑战。军火商随着时间的推移演变出来的销售方法,在根本上与大企业在各地采用的方法相同。然而,军火商在很大程度上主要与政府打交道,他们的业务活动常与国家及国际政治紧密相关,因此他们的商业手段受到了更加严格的审查。这些手段中的一部分已经在前文被提及,为了强调和进一

步阐述，它们将在这里进行总结。

一、董事选择

在任何商业活动中，董事的选择都很重要。在现代公司中，董事会成员的选择通常基于其"影响力"和"形象"，而不仅仅是业务能力与知识。一家大型银行的董事会主席最近声称，在该行的 84 名董事中，他只认识不到一半。他们的名字、人脉网和影响力目的在于吸引业务并增强投资者信心。

军火商遵循相同的做法，同时充分考虑到他们行业的特殊需求。在英国，他们从贵族、议会成员、陆军或海军部门中选择董事。这些人物的名望有助于他们赢得业务，同时在塑造形象和抵御批评方面发挥重要作用。

在法国，军火商的董事会主要由大工业家和银行家组成。所有这些人都与国民议会的重要成员保持非常密切的关系。许多法国政治领袖是杰出的公司律师，这使得军火商与他们最好的客户之间的联系更加紧密。

在美国，银行家对工业至关重要。因此，尽管很少见到重要政府官员或国会议员直接担任军火公司董事的情况，但所有军火商都保持着重要的金融联系。在 J.P. 摩根集团中，可以找到杜邦公司、伯利恒钢铁公司、美国钢铁公司，以及铜、石油、电器、机车、电话和电报行业的高管。这种联系也延伸到了包括国家城市银行、谷物交易所银行、大通国家银行等在内的大银行。实际上，摩根集团的公司客户和银行主导了美国军火工业。

然而，董事会最显著的发展是实际控制人的国际化。劳纳伊和塞纳克合著的最新著作《战争工业的国际关系》一书讨论了这个主题。例如，炸药发明者阿尔弗雷德·诺贝尔在世界几乎所有地方设立了他的公司，从瑞典到南非，从日本到南美。这些分散的利益被整合成两个巨大的托拉斯。其中一个是合并了德国和英国公司的诺贝尔炸药信托公司；另一个则是联合了法国、瑞典、意大利、西班牙和南美公司的中央炸药公司。这两个托拉斯的董事会主要由法国人、英国人和德国人组成，同时每个代表国家至少有一名本国公民担任董事。

哈维联合钢铁公司由德国人、英国人、美国人、法国人和意大利人组成的董事会管理。瑞士的隆扎公司由德国人拥有，但有法国、奥地利、意大利和德国的董事。德国的迪林根公司有德国和法国的董事。怀特黑德鱼雷公司有法国人、英国人和匈牙利人组成的董事会。

这些跨国集团确保军火商能够避免受到任何可能的不利发展因素的影响。在和平时期，由于董事会中有本地人进行适当的牵线搭桥，他们可以在世界任何地方寻求业务机会。由于大多数较大的公司还在国外设有分厂，因此经常可以提出"国内产业"的要求。在战争时期，工厂可能需要某种形式的分离，但和平返回时，这种分离可以很容易地再次修补。因此，政治理想主义者和劳工策略家长期寻求的那个伟大的国际组织，实际上正在军火工业中成形。

二、与政府保持密切联系

政府的军事部门与军备工业之间的关系总是非常紧密。这既可以归因于政府，也可以归因于军火商。所有政府均认为军事准备是国家安全的基本要素，因此他们不仅支持军火商，还与之紧密合作。从军火商的角度来说，争取政府及其官员的支持，有助于在政府合同发放时得到青睐。

举例来说，一方面，装甲板工业之所以引入美国，是因为美国海军敦促钢铁制造商在这一领域建立本土产业。杜邦公司宣布："公司已被我们的政府要求并鼓励保持生产军火的设施。"飞机工业最近向国会委员会宣布，政府已敦促其继续发展，以维护国防。

另一方面，单个军火公司会尽其所能"保持密切联系"，以便获得政府订单。在英国，让退休海军上将和陆军上将加入董事会，已成为军火商的一项常规做法。《武器和爆炸物》杂志很好地表达了这样做的原因："他们懂行。"

在美国，杜邦因为与美国总统托马斯·杰斐逊的友谊而获得了他的第一份政府订单。此外，来自军火生产州的国会代表经常作为该行业的捍卫者出现。康涅狄格州的国会议员 E.W. 戈斯最近提供了一个特别有趣的例子：戈斯先生曾是斯科维尔制造公司的一名官员，该公司生产黄铜弹壳和引信；戈斯家族的五名成员也与该公司密切相关。当众议院外交事务委员会就战时武器禁运决议进行听证时，戈斯先生反对该决议。

1911 年，一名美国报纸记者在其报道中这样描述了克虏伯的活动："因此，我们发现埃森的克虏伯国王在世界上每一个大国首都都有自己的大使，从东京到君士坦丁堡，从圣彼得堡到布宜诺斯艾利斯。他甚至在索非亚都有一名代表，这个代表对当地政治的了解以及与政治家的交往，超过了所有使馆的总和。"克虏伯还将高级军事官员纳入其工资表，并通过其代理人充分了解政府计划。

三、银行家

军备生产的资金需求巨大，且常常要求极高的保密性。因此，军火商要么自己控制强大的银行，要么找到他们可以信任的银行家。在每一个大国，都有些银行被称为"军火银行"。巴黎联合银行负责施耐德的财务，德意志银行是德国人的银行，J.P. 摩根负责美国人，奥地利信贷银行和匈牙利通用信贷银行负责斯柯达的金融工作。

军火商的工作经常涉及国际贷款，此时他们与银行家和政府的密切联系再次显示出极大的价值。有时是银行承担此类贷款的发放，有时是军火商的政府向外国提供资金。这可能导致的复杂情况正如俄罗斯的普蒂洛夫事件和1913年保加利亚的军备订单所示的那样。在战后，法国通过重大贷款巩固了与波兰和小协约国的友谊和联盟，其中许多贷款被专门用于支付"法国制造"的武器。各国政府对中国的贷款也规定了类似的条件。

政府贷款对军火商的重要性，可以通过战前塞尔维亚的一个事件来说明。克虏伯和施耐德竞争塞尔维亚的军备合同，塞尔维亚进行了一次竞争测试，克虏伯轻松胜出，但他没有收到订单。因为塞尔维亚刚刚与法国谈成了一笔贷款，合同明确规定贷款的一部分必须用于购买法国武器。

四、新闻界

新闻界太强大、太重要，不容军火商忽视。因此，所有大军火商都与新闻界有联系。有时是直接购买一家报纸；有时控制股权就足够了；有时有影响力的新闻工作者或报社所有者会被纳入军火商的工资单或董事会。

例如，杜邦公司控制着特拉华州的每一家日报；克虏伯不仅拥有三家主要日报，而且还将新闻和电影"沙皇"胡根贝格纳入了其董事会。胡戈·斯廷内斯在德国、奥地利、匈牙利和挪威拥有或控制着19家报纸和杂志。正如前文拉法洛维奇所揭示的，法国新闻界欢迎任何愿意支付价格的人。间接联系也很有价值。J.P.摩根是美国军火工业的银行，它还控制了克伦威尔出版公司，该公司出版了许多广受欢迎的杂志。

实践中，控制和使用新闻界以多种方式进行。报纸靠广告生存，但军火商很少做他们的军用商品广告（尽管这种情况发生过），更好的方式是做他们普通工业产品的广告，如铁路轨道、机器、建筑材料等，但两种广告的目的是一致的。在每一个有报纸销售的地方，他们都可能会发表一系列关于"裁军危险"等主题的文章。

新闻界在压制新闻或拒绝接受针对军火商的付费广告方面也很有用。例如，在世界大战期间，当大工业家因与敌人交易被指控叛国时，法国新闻界几乎保持了完全沉默。战后，《时报》拒绝接受梅内维关于欧洲神秘人物扎哈罗夫的书的广告。

军火商同样将电影纳入了他们的服务。维克斯-阿姆斯特朗的巴罗工厂拥有自己的电影院，潜在买家可以在这里观看坦克、军舰、机枪等在行动中的展示。军火商的这些特殊影片也被带到各个国家巡展，以便在购买代理人的眼前生动地展示待售的高效杀伤机器。

1931年12月5日，《北方邮报》报道了其中一次国外展示："一场特别的英国电影展映在南斯拉夫国王和王后位于德迪涅的新宫殿举行。这些电影是由一家英国军火商制作的。电影展示了各种坦克，以及各种口径的野战炮和牵引车。一家造船公司还展示了一部南斯拉夫军舰下水的影片。"

五、战争恐慌

当国际关系紧张时，军火工业往往会看到其业务的显著改善。因此，当国家设法以最少的摩擦相处时，军火商绝不会在制造麻烦上犹豫。每个国家都有"天然的"或"世仇"的敌人，只需指出"敌人"增加的武装以及"受威胁"国家的实际"无助"，军火商便能迅速激发起"备战"的积极行动，而这反过来又意味着生意。有时，向"敌人"出售最新的战争工具，然后告诉另一个政府这一事实就足够了。

除了英国的穆利纳战争恐慌，德国的贡塔德事件同样富有启示性。保罗·冯·贡塔德是德国军火工业中最有权势的人物之一。作为路德维希·洛威公司的董事，他渴望从德国政府那里获得机枪订单。因此，他给他的巴黎代表发送了一封信，建议在《费加罗报》中插入一篇文章，文章声称法国政府决定加快其机枪计划，并将最近的订单翻倍。认识到可以在这家法国报纸上插入此类通知的这一事实，本身就说明了问题。

贡塔德的做法对法国新闻界来说过于粗暴，很大程度上是因为这个故事并不真实。但他们找到了另一种方式。随后，包括《费加罗报》《晨报》和《巴黎回声报》在内的多家法国报纸刊登了一篇文章，报道了法国机枪的优越性以及这给法国军队带来的优势。

这些文章刚刚出现时，普鲁士在帝国议会的代表施密特，一个军火商的盟友，在一次集会上向其他议会成员朗读这些报道，并追问政府的应对计划。在随后的爱国主义激情推动下，德国政府开始显著增加其机枪订单量。这发生在1907年，而在接下来的三年（1908—1910年）里，德国为机枪花费了4000万马克。

六、军事任务

世界上的"落后国家"经常寻求"老大哥"们的帮助，特别是在军事训练方面。因此，出现了军事和海军代表团制度，现在又增加了航空教官。这种安排的副产品通常是特派团所在国的军备订单。

在战前，英国在土耳其有一个海军任务，而德国训练土耳其陆军，军火订单则在两国之间分配。日本的现代海军由英国训练，英国还提供了许多战舰和大量海军武器。美国在几个南美国家维持海军任务，美国军火商认为这个领域非常有前景，以至于他们的军火销售目录也用西班牙语发行。中国后来也成为美国航空活动的场所，美国公司不仅派遣了一个空中军事任务团，还向中国销售飞机。

七、军备公司的股份

并非只有公用事业公司知道，拥有能够为他们赢得重要友谊或公开支持的股东的价值。一些国家的军火商就非常有效地利用了这一手段。例如，威廉一世皇帝是至少两家军备公司的最大股东之一，这两家公司自然获得了德国政府的大部分订单。英国人可能比其他任何团体都更充分地发展了这种手段。在英国公司成千上万的股东中，有各行各业的代表人物，也有大量的"普通人"。1914年被列为股东的有贝尔福勋爵、柯松勋爵、格雷伯爵、金奈德勋爵（基督教青年会主席）、J.B.朗斯代尔爵士、阿尔弗雷德-蒙德爵士、阿德莱德、切斯特和海克萨姆的主教，以及圣保罗教堂的"阴郁院长"英格院长。

八、贿赂

军火商经常面临贿赂的指控。当然,"商业中的贪污"并不仅限于军火工业,正如古斯塔夫斯·迈尔斯、厄普顿·辛克莱、约翰·T. 弗林等人所展示的那样。全国制造商协会最近开始了一场旨在消除商业贿赂的运动,该协会估计这种贿赂每年约为10亿美元。但不知何故,军火商的贿赂行为似乎吸引了更多的注意力。

1908年后,年轻的土耳其政府在君士坦丁堡掌权,有传言称民族主义的火焰烧尽了旧政权臭名昭著的所有腐败痕迹。然而,对军火商来说,这只是一个传说。他们声称,两种政权之间的唯一区别是年轻的土耳其新政府要求更高的贿赂。

战前,克列孟梭在一系列文章中指控,德国军火商之所以在南美如此成功,是因为他们贿赂得很好。他提供了这样一个故事:"一个英国军火商为了执行一份巡洋舰合同而前往南美,该合同原本由他所在公司的一个欧洲分支机构从某个大国政府获得。他一到那里,就开始向对合同感兴趣的大大小小的人支付'佣金'。当面对一个提出过高佣金要求的官员时,英国商人无奈地问道:'我还怎么造巡洋舰呢?'得到的回答却是:'这有什么关系,只要你能拿到钱，我们也能拿到钱就行。'"

九、破坏活动

虽然直接证明军火商参与破坏活动可能很困难，且这类事件可能并不频繁，但有关的指控却时常出现。战前，俄罗斯政府在波兰有一家重要的弹药厂，生产大量弹药。后来这家工厂被燃烧弹烧毁，再也没有重建。《新时代报》随后指控说，这场大火是德国军火商为了增加其在俄罗斯的业务而引起的。

军火商经营方法的一个重要副产品是，在军备制造方面，军事机密几乎不复存在。间谍可能会发现战略计划、海军基地和要塞以及其他军事信息，但军火工业的正常工业和商业流程使得大多数有关实际战争工具的间谍活动变得没有必要。

军火工业实行公开试验。克虏伯公司在梅彭的试验场向所有国家的军械工程师开放。试验的目的是证明新发明的效率并将其出售，因此很难保密。成功测试后，新装置或武器就自由地提供给所有人。任何愿意并能够支付许可费和规定的费用的人都可以获得在其国家制造的独家权利。克虏伯装甲就是这种做法的经典例子。

此外，军火工业的大多数技术问题都是工程和化学问题。正如人们所预料的那样，这些领域的期刊也涉及军火工业的发展。即使是对《工程》《卡西尔杂志》和《美国机械师》等期刊的随意翻阅也能揭示出所有最新的枪支、大炮和战争机器都会被充分讨论。这些期刊通常会提供新发明的详细图纸，展示这些新发明的构造和操作。在这种条件下，保密是不可能的。

军火工业的另一个标准做法是尽可能展示其产品，特别是在世界博览会和工业展览会上。自19世纪中叶以来，从伦敦和巴黎到南非和澳大利亚，几乎每一次重要的展览都能见到军火商的身影。他们的展品受到了广泛的关注，并在工程期刊上得到了详尽和充分的报道。

1867年向美国政府提交的一份报告很好地说明了世界博览会军备展览的宣传效果。当年的巴黎世博会上，所有大型武器制造商都参加了展览。美国向巴黎派出了两名观察员，负责报告参展武器装备的情况。他们的报告收录在一本庞大的、图文并茂的图册中，介绍了从枪炮到战舰等各种武器装备的最新发展。观察员们还报告说，他们看到并检查了著名的德国针式枪，它本应当是一种被保护起来的秘密。这种枪没有公开展出过，但通过私人收藏得到它并不是件困难的事。

许多军火制造商在其他国家建立了分厂，或者承包了其他国家政府的军火工厂。在这两种情况下，公司不仅转移了所有的专利和工艺技术到海外,而且合同中通常包含对这些外国企业具有约束力的条款。

在这种情况下,军事装备的结构和操作怎么可能有什么秘密可言呢?然而,军火制造商却时不时地大肆宣扬他们的"商业秘密",声称这些秘密对他们来说是无价之宝。例如,1915年,美国政府为了摆脱私营制造商高昂的装甲板收费,计划建立自己的生产线,并成立了一个委员会来搜集相关信息。当委员会向装甲板制造商询问其生产过程和组织结构时,约75%的问题因"不能透露商业秘密"而未获答复。从军火工业的一般做法来看,推测他们不回答委员会问题的另一个完全不同的原因似乎并不牵强。

事实上,武器方面的新发明一般都能在很短的时间内传遍世界,这主要归功于武器工业的普通商业方法。这就解释了为什么人们常常认为这是一个谜,或者是间谍的聪明杰作;为什么尽管各国政府竭力保密,某些新发明仍能如此迅速地传播开来。这里有一件事值得一说:英国人长期以来一直在寻找一种适合各种气候的无烟火药,他们的军队经常驻扎在烈日炎炎的沙漠和白雪皑皑的高山附近,所以他们需要这种炸药。终于,在19世纪90年代初,他们成功地研制出了一种名为"虫胶"的炸药,这正是他们想要的,他们欣喜若狂。当然,他们希望对这种炸药的成分保密。但就在第二年,一名英国军人发现,虫胶在俄国已经广为人知，而俄国也急需一种不受气候影响的火药，这让他们不禁大吃一惊。

在世界大战前夕，所有观察家都清楚地看到，"下一场战争"将是一场巨大而可怕的战争。末日预言家们预言，在这场巨大的冲突中，数以百万计的军队将与军火商们研制并不加区分地出售给所有国家的无数新型和可怕的死亡机器对峙。他们预言了数以百万计的死亡、世界经济的衰竭、国家的贫困化以及对人类文明的严重威胁。不幸的是，预言家们这一次说对了。

第十二章

世界大战：欧洲战场

> 大型军火公司没有国家或政治偏见，他们关心的不是战争的最终目标，而是可以立即确保胜利的手段。而正义和自由这样的抽象概念的价值，被他们留给闲散和形而上学的头脑讨论，或使用这些术语作为方便的委婉语，以此掩盖政治家的真实目的，并引导一个民族的精力。
>
> ——威廉·怀特爵士[①]的传记作者

第一次世界大战有 27 个国家参与，动员了 66103164 名男子，其中 37494186 人受伤或死亡。战争直接成本估计为 2080 亿美元，间接成本为 1510 亿美元。这些数字还不包括未来几十年将继续产生的额外数十亿美元的利息支付、退伍军人护理和养老金以及类似费用。世界以前从未见过

---

① 英国皇家科学院院士，曾任英国海军部首席设计师，一生设计了 245 艘军舰。

如此庞大的冲突。

这场战争不仅参战人数之多、耗资之巨前所未有，而且死亡机器的数量和种类也是空前的。过去半个世纪发明和完善的所有险恶的战争机器都被用于战斗，并在战争期间又有了进一步的发展。机枪得到了改进，火炮实现了机动化且射程变得更远，瞄准镜和火控装置变得更加科学和精确。

许多新的战争工具也被发明出来。坦克是美国和法国的联合发明，首先由英国人使用；手榴弹被供应到战壕，步枪榴弹增加了这些致命导弹的射程；飞机首次作为战争机器进行了预言性的演示；飞行员学会了从高处投掷炸弹和发射机枪；毒气首次出现，传播着可怕的"无声死亡"。

在战壕里，士兵们戴着头盔，以抵御飞溅的碎片；戴着防毒面具，以保护自己免受63种不同的致命化学物质的伤害。战壕潜望镜使他们能够在不暴露自己的情况下看到狙击手的步枪。

在海战中，潜艇开创了一个全新的局面，促进了海军政策、战舰建造、海上战斗和国际法等方面的变化，而这些变化花了几十年仍未得到解决。第一批潜艇的巡航半径非常有限，但持续的改进使其变得极其危险。为了对付这种威胁，人们发明了许多新设备，包括反潜舰、深水炸弹、反潜障壁、特别设计的水雷以及各种高度巧妙的科学仪器，用于发现或消灭水下敌人。

战前盛行的国际军火贸易使得许多军队和海军使用的枪支和武器，实际上是由他们自己的同胞制造并卖给了敌人的。尤其是德国和英国，几乎向所有国家出售武器，而法国和奥地利则稍稍落后。

德国人曾武装比利时，而进军比利时的德国军队则面对着德国制造的火炮。德国不仅帮助俄国重新建立武装，还建造了俄国的部分舰队和炮兵工厂。因此，当德国士兵进军俄国时，他们面对的竟是德国制造的大炮。克虏伯装甲已供应给世界上所有的大国海军，所以，在每一次海上交战中，德国舰队都不得不面对德国人制造或利用德国专利制造的装甲船。就在战前，德国向英国、日本和俄国提供了一些非常成功的飞艇，特别是较小的帕瑟瓦尔型飞艇。1913年，比特费尔特的一家公司完成了英国的订单。根据这一模型，英国人开发了自己的小型飞艇，这种飞艇在对付潜艇时特别有用。英国的帕瑟瓦尔型飞艇随船护航，很容易发现藏匿的潜艇并召唤巡逻队。最后，德国人还帮助武装了意大利，当意大利投靠协约国时，德国制造的武器便被用来对抗同盟国。

英国的销售范围与德国一样广泛，但幸运的是，英国所面对的敌对国家不超过四个，其中两个能够自行供给大部分武器。马克沁和英国军火公司已经向全欧洲介绍了现代机枪,尽管马克沁的专利已经过期,但马克沁原理是所有新机枪构造发展的基础。英国在奥匈帝国的菲乌美建立了一家鱼雷工厂;如果奥地利海军更为强大,这些英国制造的鱼雷可能对协约国造成相当大的伤害。英国在两个大船厂,维克斯的特尔尼和阿姆斯特朗的波佐利,建造了意大利舰队;直到意大利脱离三国同盟后,才阻断了英国建造的舰队被用来对抗协约国的可能性。最后,英国还帮助建造和训练了土耳其海军,而灾难性的达达尼尔海峡战役中,英国舰船被英国制造的水雷炸伤,并被英国大炮炸成残废。

法国也帮助武装了自己的敌人。意大利和保加利亚都装备了最好的机动火炮——法国75毫米炮。战争的命运使意大利站在法国一边,保加利亚站在同盟国一边。在保加利亚的法国军队后来被法国75毫米炮击退。法国的军火交易还有其他方式。保加利亚和罗马尼亚都购买了法国武器,当这两个国家在战争中作为敌人相遇时,它们都使用法国枪支作战。

最后,奥匈帝国凭借其著名的斯柯达工厂,帮助俄国重新武装起来,而俄国人则将这些奥地利制造的枪炮对准了奥地利军队。巴尔干地区其他国家和比利时也从奥地利人那里获得了一些武器。

所有这些问题都是战前的武器销售引起的。宣战后,各大军火公司日夜忙碌，为本国政府及盟国提供军火。数百万人参战，战线长达数百英里，对武器弹药的需求量惊人。所有可用的人员都投入到战争活动中，各国的所有资源都被压榨到了极限。

这里甚至无法概述战争期间军备工业的巨大活动。这个主题已经在由国际和平卡内基基金会出版的一系列专题研究中被研究。不过，在此还是可以列出一些大型军械制造商的利润数字。下表生动地说明了这一问题。尽管大多数公司的净收益看起来很大，实际上它们本应更大，因为不断增加的重税削减了这些利润。而且在每个国家都有通过各种会计手段操纵报告的指控，其明确目的就是使净收益看起来更小。即使是这些被篡改的数字也表明，战争对军火商来说是多么有利可图。

表二 欧洲部分军火公司的战争净利润

	和平时期前三年平均利润	战争时期前三年平均利润
德国 （单位：千马克）		
克虏伯	31625	66676
莱茵金属	1448	9568
德国武器弹药有限公司	5467	10778

续表

	和平时期前三年平均利润	战争时期前三年平均利润
科隆普尔维夫	4329	11921
奥匈帝国（单位：千克朗）		
斯柯达	5607	11325
波尔蒂冶金	1360	3615
斯太尔	2749	14269
希滕贝格	1709	6967
法国（单位：千法郎）		
施耐德-克鲁索	6900	10405
霍切奇斯	—	8026
科芒特里-富尚博	4792	6663
法国燃气集团	8776	11536
下卢瓦尔冶金厂	2836	6777
勒阿弗尔轧钢厂	4321	8475

在世界大战期间，人们对大型军火商的了解相对较少，他们让自己远离公众视野。关于巴希尔·扎哈罗夫，有两个事件可以说明问题。第一个发生在战争爆发之初，当饶

勒斯①被暗杀时，法国政府首先采取的行动之一就是在巴希尔爵士的住宅周围派人警戒，这一举动远不止是对一位重要人物的客套。第二个事件源于战争的一个关键时期，当和平情绪在许多对战争感到疲惫的盟国中蔓延时，这位伟大的武器销售商宣布自己支持将战争进行到"苦涩的结束"（jusqu'à bout）。伯蒂勋爵在日记中记录了他在强权会议上的这番话，想必他的这番话已广为人知。

尽管军火商和战争承包商吸引公众注意的程度很小，他们却像往常一样忙碌。已知的许多事件显示了这些团体的巨大能量，以及他们在战争中"与敌人交易"的行为。

以诺贝尔炸药托拉斯的故事为例。这个庞大的国际托拉斯结合了德国和英国的公司，在战争爆发时，人们发现有必要解散托拉斯。这一解散行为随即执行，公司的股份在德国和英国股东之间分配。这项交易的奇怪之处在于，两国政府都允许了这一行为。任何其他公司可能都会受到没收敌方财产法律条款的约束。

军火商的国际团结在另一个事件中表现得淋漓尽致。法国军备工业依赖的重要铁矿位于布里埃盆地，这里是锻造委员会和金属及矿业工业联合会实际上的故乡。但这些

---

① 让·饶勒斯，一战前法国社会主义运动的领导人之一，因宣传和平反战、法德和解而遭到极端民族主义者的仇恨，于1914年7月31日晚遇刺身亡。

矿山在地质上与洛林的德国矿山密切相关，以至于布里埃部分由德国钢铁制造商拥有。战争初期，德国人控制了布里埃盆地，并立即开始为自己开采这些矿山。一张德国地图落入了萨拉伊将军手中，上面标注着法国军火工业的大型矿山，并注明"保护好这些矿产"。这些命令得到了执行，德国人几乎完好无损地接管了这些产权。

人们本以为法国人现在会竭尽全力破坏德国人在布里埃盆地获得的优势。但事实并非如此。尽管有表面上的攻击假象，但该地区实际上从未遭到大炮或飞机的有效轰炸。实际上，整个战争期间，德国人都在这里开采有价值的矿石，以备战争之需。

几个知情者坚持不懈地试图引起有关当局对此事的注意，他们接近了法国总参谋部并讲述了整个故事，但他们的文件证据被退还给他们，政府也没有对布里埃矿山采取任何行动。奇怪的是，总参谋部负责处理此事的军官恰好是锻造委员会的官员。最终，《通讯报》《巴黎回声报》《杰作杂志》和《巴黎午报》等各种期刊开始关注此事。政府回应称，它不敢轰炸布里埃盆地并停止德国人对其矿山的开采，因为如果这样做，德国人肯定会轰炸法国在杜姆巴斯勒的矿山，那里现在几乎是法国战争力量的主要铁矿石来源。

情况就是这样，通过一种超国家的力量，法国和德国的军火商使得他们的供应来源以及利润不受干扰。如果布里埃和杜姆巴斯勒都被摧毁，战争本可以更早结束；但是，那只无情地对待人命、著名大教堂、图书馆和艺术珍品的毁灭之手，在接近军火商的铁矿时却停了下来。

在战争期间，军火商的媒体也很忙碌，即便是行业新手也能明白，军火商的利益在于战争的延长。股票市场对和平谈判非常敏感，每当可能带来和平感觉的新闻被发布时，军火商的股价立即暴跌。1917年，法国厌倦了战争，连军队中也普遍渴望和平；但这种对多年屠杀和超人努力的自然反应立即被标记为"失败主义"，并遭到了严厉的打压。在战争期间被法国射杀的和平主义者，远远超过了著名的法国恐怖统治时期（1793年）的受害者。

这种情况引起了法国军备报刊的警觉，这些报刊立即把整个和平运动说成是受德国人的鼓动，并由德国资金支持的。表面上看，这是荒谬的，因为德国人更关心的是决定性的胜利，而不是谈判达成的和平。但是，军备报刊得逞了，和平的愿望从此被视为叛国罪和亲德主义而被宣布为非法。

随后，军备媒体采取了另一步行动以延长战争。在德国和法国，突然间爆发了几乎是幻想般的扩张计划。德国的计划得到了泛德意志主义者等人的支持，计划内容包括大幅扩张德国领土、削弱法国以及在欧洲创建各种保护国，以确保德国在欧洲的霸权和在世界事务中的主导地位。这些德国的"和平计划"立即被法国的计划效仿，其中包括要求获得莱茵河左岸、德国殖民地，以及摧毁"德国威胁"。

这两场媒体运动彻底破坏了一切和平努力，每一方都对对方的扩张计划表示恐惧和震惊，并且都被激发出进一步绝望的努力来继续战争。

世界大战中最显著和重要的一个阶段是战争物资广泛且持续的国际贸易，即使是敌对国家之间也是如此，请看具体情况。一方面，英国舰队实际上切断了德国与世界其他国家的联系。理论上，根据国际法，德国可以从所有中立国购买所需的任何物品，但违禁品会被没收，且德国必须首先突破英国的封锁。另一方面，法国和英国需要某些物资，而迄今为止它们一直依赖德国。是否有可能以某种方式向两个群体提供他们所需的东西？问题的解决方案在于围绕德国的中立国，特别是瑞士、荷兰和斯堪的纳维亚国家。

此时，现代战争中一个非常棘手的问题出现了：究竟什么才是真正的战争物资？许多在战争中非常宝贵的原材料在普通工业生产中也非常有用。例如，许多化学品是生产肥料的基础，它们也被用来制造毒气。铝可以制成烹饪器具，也可以制成潜艇。电力有成千上万种和平时期的用途，同样，在武器工业的许多过程中也是必需的，其中包括从空气中提取硝酸盐。棉花既用于纺织品，也用于火药。这种情况为几乎贯穿整个战争的大规模且极为重要的战争材料贸易铺平了道路。这种贸易的细节非常有趣。

康塞特海军少将是战时驻斯堪的纳维亚国家的英国海军武官。战后，他出版了一本非常轰动的书籍《非武装力量的胜利》，记述了他所见证的事件。康塞特讨论的事项包括以下几点：

战争中的各国很快就认识到了脂肪的重要性，因为制造炸药所需的甘油就是从脂肪中提炼出来的。例如，在英国军队中，所有的肉类残渣都被仔细收集起来，剩余的任何脂肪都用于制造甘油。对脂肪的需求产生了德国暴行中最令人震惊的故事之一：德国人从他们士兵的尸体中提取了一些甘油（虽然后来证明这纯属无稽之谈）。对协约国来说，获得所需的所有脂肪相对容易，因为他们的船只几乎没有受到干扰就航行了七海。但是，当德国的边境几乎被密封起来时，德国该怎么办呢？德国的情况如此严重，以至于康塞特声称，如果1915年和1916年实行了真正严密的封锁，德国在俄罗斯崩溃和罗马尼亚加入战争之前，就会被迫寻求和平。

这一封锁之所以没有实施，是因为英国商人。当他们从丹麦收到植物油、脂肪和油饼的订单时，他们并没有询问这些产品的最终目的地，即使这些订单远远超过了丹麦的正常需求。他们将类似的订单转发到远东的英国领地，并借助英国的航运网络完成了这些订单。这种贸易几乎三年来一直未受干扰，而在此期间，德国人制造爆炸物没有任何困难。

康塞特进一步讲述了通过意大利、挪威、瑞典、丹麦和瑞士从美国向德国运送铜的情况。德国人迫切需要铜，这从他们呼吁本国人民上交所有铜制烹饪器具和他们在比利时没收几乎所有铜制品的事实中可以看出。现在，英国商人来帮助他们了。他们将铜交付给这些不同的中立国，然后立即转运到德国。仅瑞典和挪威的统计数据就显示向德国出口铜的数量（以公吨计）如下：1913年，1900；1914年，4366；1915年，3877；1916年，2563；1917年，202。康塞特的强烈抗议最终终止了这种贸易。

类似的情况还发生在战前和战时德国的镍供应上。1914年镍的主要来源是挪威、加拿大和法国殖民地新喀里多尼亚。英国严格控制加拿大的镍供应，甚至不允许向美国销售，除非证明镍用于美国。他们还与挪威人达成了一项协议，承包了挪威的大部分产量。尽管如此，挪威和德国之间仍有少量的镍交易，每年刚好超过1000吨。

关于来自新喀里多尼亚的法国镍，情况就不同了。法国镍矿公司由法国银行家罗斯柴尔德家族控制。其董事会包括两名与克虏伯和法兰克福的德国金属公司密切相关的德国人，而德皇威廉二世则是后者的大股东。早在1910年，克虏伯就感觉到战争的阴云正在不祥地聚集，他开始储备镍。德国对镍的正常需求约为每年3000吨。从1910年到1914年，克虏伯从新喀里多尼亚接收了大约20000吨镍。更多的镍在战争爆发时正在运输途中。

现在，镍在各种武器的制造中极为宝贵。在英国，镍立即被列入禁运物资清单，一艘悬挂俄罗斯国旗、满载镍运往克虏伯公司的轮船被没收。在法国，故事却大不相同。1914年10月1日，一艘装载着自新喀里多尼亚的2500吨镍、运给克虏伯的挪威轮船被法国海军拦截，被带入布雷斯特港，并因运载镍而被宣称为战争赃物。随后立即有命令从巴黎发出，要求释放该船。当地政府和战利品法庭对这一决定感到惊讶并质疑，但决定很快被再次确认，这批镍被继续运往汉堡。直到1915年5月，镍才被法国宣布为禁运品，新喀里多尼亚的出口得到控制。那时，法国镍矿公司和罗斯柴尔德家族已调整了他们的事务，德国已有足够的镍，且能供应数年。

但这种供应并未持续整个战争期间。由于不确定战争会持续多久，德国人决定确保他们的镍供应。商用潜艇"德意志号"安全地前往美国，携带了急需的化学品。它返回时，带回了400吨价值60万美元的镍，这些镍是由美国金属公司提供给德国人的，这家公司与法兰克福的德国金属公司关系密切。这些镍来自哪里？不是来自加拿大，因为那里的供应来源受到严密监控。唯一的产地还是新喀里多尼亚。出口数据显示，当时德国与美国的镍贸易非常活跃，显然其中一些法国镍被"德意志号"运回德国，帮助延长了战争。

西班牙佩纳罗亚铅矿也有类似的故事。佩纳罗亚矿业公司控制着世界上最重要的铅矿，这些西班牙矿山的年产量约为15万吨，占世界总产量的1/8。自1883年以来，法国银行家罗斯柴尔德家族一直控制着这些矿山，但在1909年，罗斯柴尔德银行与德国金属公司公司结成联盟，威廉二世和克虏伯都在这家新公司拥有大量股份。

这个国际合作关系一直持续到1916年12月31日，双方都获利颇丰，直到这一合作关系即将被敌对方的告密者揭露时，罗斯柴尔德家族才公开他们与德国人在公司中的联盟。因此，这家公司在战争的大约两年时间里仍然处于德国和法国的控制之下。战争爆发时，有15万吨铅从这些矿山经瑞士运往德国，与此同时，法国不得不等待铅的到来。当铅的运输向法国恢复时，其价格已被抬高至英国人支付价格的两倍以上。

来自另一座矿山的西班牙铅也由德国人和法国人在法国索普威斯公司中共同控制，董事会成员中有一名德国人，名叫赫尔曼·施密茨。到了1915年5月，他因"在当前情况下无法有效履行职责"而被解除了职务。

这种事情并不是英国人和法国人的特权，德国人也深谙此道。吕贝克的波塞尔参议员是德国钢铁大王，其财产位于瑞典、挪威和俄罗斯，主要工厂位于瑞典的法格斯塔。波塞尔是一个非常爱国的德国人，并且极力展示他的爱国主义。他为德国的"男孩们"感到骄傲，并且很少错过在火车站送他们前往前线的机会。他面临的主要挑战是如何处理他在俄罗斯的工厂，如果他继续经营它们，他将在战争中帮助俄罗斯；如果他试图在战争期间关闭它们，俄罗斯将会没收它们。为了解决这个问题，他宣布"一切照旧"。也就是说，他的瑞典工厂向他的俄国工厂供应原材料，这些原材料被用来为俄国人生产战争物资。当德国军事当局得知波塞尔这一奇怪的爱国主义时，他们指控他犯有叛国罪。他被审判，但法院接受了他的辩解，认定他仅仅是预先阻止了俄罗斯政府对他的财产的没收，甚至德皇也为这一判决感到高兴。与此同时，街上的行人和德国士兵不禁要问，为什么法格斯塔的产品没有被转运到祖国？为什么一个忠诚的德国人宁愿为敌人供货也不愿意失去他的工厂？

第一次世界大战期间，瑞士作为敌对贸易中介的角色非常重要。瑞士发现自己被交战国家包围，所有这些国家都急需宝贵的战争材料，并愿意为之支付高价，诱惑太大了，不久，这个山区小国成了一个非常有利可图的国际贸易中心。为了对瑞士人公平起见，必须补充说明的是，如果他们不满足交战邻国的要求，就会遭到各种报复的威胁。官方对战争物资实行禁运，但走私和对条款的宽松解释鼓励了活跃的贸易。

这项业务的细节经常令人感到好奇。德国需要化工原料来制造炸药，需要铝土矿来制造铝；法国部分铁资源被剥夺，急需钢铁。瑞士人为双方解决了这一问题。在战争期间的很长一段时间里，德国平均每月向瑞士出口15万吨钢铁，有些月份甚至达到了25万吨的高峰。这些钢铁以废铁和制成品（如铁轨和铁丝网）的形式运往瑞士，在那里，轧钢机上的德国商标已被清除。进行这种贸易的德国公司被指控叛国，但他们的辩护是，他们仅仅是在履行几乎是国际交易中的一部分。通过这个交易，法国和德国在战争期间向对方提供了至关重要的材料。他们的辩护被法院接受，被判无罪。

法国人也履行了他们的承诺。1917年，"碳化物事件"流传开来，引起了轩然大波。该事件发生在1914年11月。朗查公司是一家瑞士工业公司，由德国人拥有，其董事会拥有典型的军火商国际化特征，由法国、意大利、德国和奥地利国籍的人组成。在偿还债务的借口下，法国碳化物商业公司向朗查公司交付了300吨氰胺石灰，这种化学品很容易转化为硝酸盐，后者是火药的一个重要组成部分。法国公司确实欠朗查公司钱，但交付的化学品的价值远大于债务。

1917年，这个故事广为人知，在一些地方引起了极大的反响。国家对那些被控叛国的大工业家们下达了审判令。随即，整个事件陷入了巨大的"沉默"。媒体几乎没有关于它的报道，只有通过激进派的报纸才能得知丑闻的详情。被告抗议说他们只是偿还了一个商业债务，并且他们相信这些化学品将被用于制造肥料。此时，审判中开始出现神秘的影响，据说是由大工业家的密友、法国总统庞加莱发起的。整个起诉过程进行得勉强且心不在焉，最终无罪释放的结果也并不出人意料。

战争期间，法国的铝土矿也自由进入瑞士，在那里被制成铝，然后运往德国建造潜艇。瑞士每年向德国提供约2万吨铝，向协约国提供200吨。至于硝石，据报道，瑞士每年向德国供应足够制造56亿枚枪弹或1.47亿颗手榴弹的硝酸盐，仅1917年，德国就在瑞士的帮助下生产了30万吨硝酸盐。战前，世界年产量为21.4万吨。

瑞士不仅是交战国家之间的中介，他们还向双方提供了大量的电力，这在从空气中提取硝酸盐的新过程中特别有用。战争期间煤炭的缺乏迫使瑞士开发其水电资源，他们在面向德国、法国和意大利的边境地带建立了多座大型发电站，充分利用了该国丰富的水力资源。将这些电流传输给三个邻国是一件很容易的事。电力出口达到了巨大的规模，向德国出口38.2万马力，向协约国出口7.65万马力。

这种战争中的铁、铝土矿、化学品和电力贸易带来的利润是巨大的。瑞士在此期间的统计数据完全不可靠，在某些情况下，它们只有25%是正确的。瑞士在巨大压力下向交战双方提供的援助，无疑在很大程度上延长了战争的持续时间。

关于交战国在战争期间的国际商业还有许多其他的故事。德国蔡司以其镜头和光学仪器而闻名，这些产品在全世界都有需求，世界各地的陆军和海军都使用蔡司仪器作为瞄准器和射击指挥器。英国人在战争期间需要蔡司的产品，并且设法得到了它们。关于他们是如何做到的，故事各不相同。一种说法称它们通过荷兰到达英国。另一种说法是英国人得到了一些蔡司工人，并"说服"他们在英国的维克斯工厂生产这些仪器。无论采用了哪种方法，毫无疑问的是，英国人在战争开始后使用获得的蔡司仪器打响了斯卡格拉克战役。

德国人在其他地方因为自己同胞制造的材料而遭受挫折。在围绕凡尔登的激烈战斗中，杜奥蒙堡反复成为争夺的焦点，它多次易手。在一次攻击中，德国人遇到了一些仅在两个月前由德国工厂马格德堡电线电缆厂运往瑞士的铁丝网障碍。

关于第一次世界大战最重要的事情是对武器和弹药的巨大需求，以及军火商极为有利可图的生意。当考虑到美国在战争中的角色时，这一事实将显得更加突出。

第十三章

世界大战与财富之源

> 战争的结果将开发出一百万个新的财富源泉。
>
> ——弗兰克·范德利普，花旗银行前总裁

> 公司不能以爱国主义为生。我们的股东必须分红。
>
> ——乔治·巴德温，英国商人，外交家

当第一次世界大战在1914年爆发时，美国总统建议他的同胞们即使在思想上也要保持中立。到1918年停战协议签署时，美国新涌现出了2.1万个百万富翁，杜邦股票从每股20美元涨到了每股1000美元，小J.P.摩根在两年内赚的钱据说比老摩根一生赚的还多。

起初，欧洲确信战争不会持续太久，并且它能够在冲突期间实现弹药的自给自足。在战争第一年，欧洲确实设法通过其储备满足了大部分需求。然而，随着战争显而易

见地将变得旷日持久，欧洲被迫寻求新的供应来源。

唯一保持中立的大国是美国。理论上，根据国际法和1907年的海牙公约，冲突双方都被允许从中立国购买，中立国也有权出售。这已经是当时的惯例了，在许多战争中，中立国都可以向双方出售。

然而，现在又出现了一个新的因素。德国被封锁了，至少在理论上是这样，协约国不允许中立国的商业通过封锁线。禁运物品列表不断扩大，直至形成绝对封锁，尽管美国很恼火，但协约国仍坚持这一政策，因此，实际上美国只为协约国提供武器和补给。

直到1915年下半年，协约国才开始在美国大量购买战争物资，随后，物资贩运正式开始。协约国在美国设立了一个中央采购局，该采购局平均每天花费1000万美元。从1914年8月到1917年2月，价值超过105亿美元的商品从美国运出。

弹药在这场贸易中扮演了突出的角色。1914年，弹药出口总额仅为4000万美元，但到了1915年，这一数字已增至3.3亿美元，而到了1916年，则飙升至12.9亿美元。从1914年到1918年，协约国在美国购买了价值40亿美元的弹药，但弹药绝不是贸易的唯一项目。这一长列的出口商品中，包括了铁和钢、炸药、棉花及棉花制品、小麦、铜、黄铜、皮革、化学品、火器、汽车、小麦粉、金属加工机械、玉米、马匹、电线制品、鞋子、铁路车辆、骡子、大麦、羊毛制品、轮胎、飞机、摩托车等。

1916年的战争年是美国工业和金融史上百年来最繁荣的一年。巨大的外贸量在国内造成了某种短缺，国内物价因此开始飞涨。美国人腰包里的黄金收获远远超过了与协约国的贸易利润。

唯一的忧虑是战争可能会结束。每当有和平的谈论时，军火股就会下跌5%—40%。战争带来了繁荣，和平则可能要带来灾难。渐渐地，美国的工业和金融业开始受到其他忧虑的困扰。假设德国人赢了怎么办？不，那永远不会发生。《纽约时报》金融编辑A.D.诺伊斯告诉我们，华尔街从一开始就选择了协约国获胜，而且从未动摇过这一坚定信念。

不过，谁也说不准。德国人正在做出惊人的抵抗，在许多方面他们拥有决定性的军事优势。假设战争以僵局结束，假设达成了一场"没有胜利的和平"——这样的想法让华尔街不寒而栗。美国金融界把赌注押在了协约国这匹马上，如果这匹马未能首先到达终点，赌注如此巨大，以至于没有人敢去想可能会发生什么。

可怕的岁月继续流逝，海上挤满了向协约国急送各种物资的船只。随后，另一个噩梦开始困扰华尔街。协约国如何支付货款？他们的信用几乎已经耗尽。美国已从一个债务国成长为世界上最大的债权国之一。到1917年初，协约国几乎只能拿得出借条了。一些已经提供的巨额贷款实际上几乎是无担保的，这实际上已经宣布，今后协约国的贷款将不得不完全无担保。难怪华尔街会担心，它持有的所有精美的债券可能最终只是许多"废纸"。1916年将美国的商业和金融推向了最高峰，1917年，它们会不会在深渊的底部破碎而沉沦？

但这黑暗的时刻也是黎明的开始。1917年4月6日，美国参战，战争贩子的心跳再次恢复了正常。这里并不是说美国参加第一次世界大战完全是因为其军火商及其金融家，情况中还有许多其他因素。然而，小汉密尔顿-菲什的问题比一般人肯承认的更为直接："第一次世界大战的启动不就是因为军火的运送吗？……战争的原因难道不是我们持续向国外运送军火吗？"美国对协约国的承诺是如此巨大，以至于只有参战才能使美国免于遭受重大的经济崩溃。

1917年，国会指控摩根利益集团早在1915年3月就组织并资助了一个庞大的宣传机器，其中包括12家有影响力的出版商和197家报纸，目的是"说服"美国人民加入协约国。此外，法国历史学家和政治家加布里埃尔·哈诺托在他的战争史中提到，1914年他和摩根公司的一名成员制定了在美国发起一场大型战争恐慌运动的计划，目的是让美国卷入战争。他补充说,法国在1914年已经准备好和平,但摩根的合伙人当时劝阻法国领导人不要谈论和平。

当战争实际迫在眉睫时,战争贩子欣喜若狂。在威尔逊总统向国会发表战争演说后,华尔街迅速做出了回应。钢铁托拉斯的加里说:"这正是我们需要的。"国家城市银行的弗兰克·范德利普说:"这是百分之百的美国式演讲。"标准石油公司的马丁·凯里说:"演讲体现了美国人民的真正精神。"担保信托公司的负责人詹姆斯·华莱士说:"总统的讲话是辉煌的。"

再等几天,外交关系就会中断。据《纽约时报》报道,在消息传达到华尔街之前,银行和经纪行的门口就已经飘扬起了星条旗,照亮了整条华尔街。从比喻上讲,整条街道都松了一口气。在农产品交易所,300名经纪人高唱《星条旗永不落》,股票立即上涨。

美国从1917年4月7日到1918年11月11日参与了第一次世界大战。在此期间,美国花费了22625252843美元,并另外向盟国提供了9455014125美元的贷款。对华尔街来说,同样重要的是美国政府对协约国信贷的绝对担保。所有战争年份的鲁莽融资现在都得到了拯救,最重要的是,美国现在加入了协约国的行列,下达了战争订单。

很难用一两句话就说清楚226亿美元究竟意味着什么。

仅仅是为了概述1917年和1918年美国政府的巨额购买，弹药主管就需要两大本厚厚的卷宗。这样的花费不是一代人就能支付得起的，而且，这些政府订单也不是造成这种局面的唯一因素。在这226亿美元外，还必须加上所有货物和商品价格的上涨。小麦价格达到了每蒲式耳3.25美元，大部分钱流向了农民以外的其他人，农民每蒲式耳只能得到1.3美元。棉花价格触及了45年来的最高点。全国销售的所有商品都是如此。

美国军火商及其盟友和金融家在战争中的利润究竟是多少，永远不会被准确知晓。他们很快意识到，绝不能让他们的净收益的大致金额为人所知。联邦贸易委员会将这些群体的商业方法描述为"无度的贪婪和明目张胆的欺诈"，它"揭露了大公司会计手册中的许多伎俩……通过账目操纵虚增成本：管理人员的薪水增加了、折旧项目被夸大、投资利息被计入成本、原材料采用虚假估价、库存被操纵"。

尽管如此，他们的利润依旧是个天文数字。杜邦公司在1916年对其普通股支付了100%的股息。美国钢铁公司1917年的收益超过了其普通股的市值数百万美元，而这些普通股大部分是水分。1916年，这家公司报告的收益比1911年、1912年和1913年的总和还要高出7000万美元。伯利恒钢铁在1917年支付了200%的股息。美国财政部的数据显示，在战争期间，最富有的6.9万人的收入总和，比战前正常情况下的收入总和要高出足足30亿美元。

  这些人通过战争获得暴利的行为几乎立刻就引起了公众的强烈抱怨。联邦贸易委员会被派去调查，但它一开始揭露不利的事实后，调查便被迅速叫停。它确实发布了一份20页的报告，暗示这对一个能干且无所畏惧的调查员来说是一个多么丰富的矿脉，但它甚至没有触及表面。尽管有要求司法部长接管调查并提交报告的尝试，但这种"洗白"技术同样未能达到任何实质性的成果。

  尽管如此，仍然可以用数十页的统计数据来展示军火商、战争承包商和银行家在战争年份的巨额利润。以下的净利润表十分具有启示性。

表三　美国军火工业的战争净利润（单位：千美元）

公司	过去四个和平年的平均值	四个战争年的平均值
美国钢铁公司	105331	239653
杜邦	6092	58076
伯利恒钢铁公司	6840	49427
阿纳康达矿业	10649	34549
犹他矿业	5776	21622
美国冶炼和精炼公司	11566	18602

续表

公司	过去四个和平年的平均值	四个战争年的平均值
共和钢铁公司	4177	17548
国际航运公司	6690	14229
阿特拉斯火药公司	485	2374
美英制造	172	325
加拿大汽车和铸造厂	1335	2201
克罗克-惠勒公司	206	666
赫拉克勒斯火药公司	1271	7430
NBP	656	6146
斯科威尔制造有限公司	655	7678
通用汽车	6954	21700

整体情况就介绍到这里。关于各个军火公司及其在战争期间的活动，我们可以讲述一些重要事件。杜邦公司生产了战争期间协约国所使用的弹药的40%，并一直是美国政府军用炸药的主要供应来源，其员工人数从5000增加到10万。1914年，杜邦公司生产了226.5万磅火药；1915年，协约国开始签订合同，当年杜邦公司生产了1.05亿磅火药；1916年，这一数字上升到2.87亿磅；1917年美国参战后，当年的产量猛增到3.87亿磅；1918年，达到3.99亿磅。几年后，国会的一个委员会显示，政府为这些火药支付了

约每磅 49 美分，而生产成本估计为每磅 36 美分。难怪杜邦股票在战争期间增值了 5000%。

战争也给杜邦公司带来了前所未有的繁荣，很少有公司能做到这一点。有一天，公司收到了一张支票。他们一看，笑了。这张支票的金额高达 6000 万美元，是有史以来最大的支票之一。

杜邦在战争期间的表现非常好。温彻斯特连发枪公司生产步枪、刺刀和弹药，在战争期间从不会抱怨生意不好。在其 1921 年的产品目录中，该公司报告了其战时工作。在战争期间，它出售了近 20 亿个枪支、步枪、刺刀、炮弹和子弹。"此外，温彻斯特连发枪公司还生产了大量的备用零件和配件，数以百万计的猎枪弹和小口径步枪子弹，以及许多供国民警卫队和全国各地的射击馆使用的运动型枪支，以保护每个人的生命和财产。"

"在第一次世界大战期间，美国政府没有拒收过任何一批温彻斯特的产品。包括在美国参战前为外国政府制造的子弹在内，温彻斯特连续生产了 7 亿发子弹，没有任何一批被拒收。"

随后还附上了该公司对自己战争工作的评价：

"这里简要地对温彻斯特连发枪公司的战时活动进行总结，不仅是为了展示我们在紧张时期也能成功坚守信念，还是对我们在战争期间近 2.2 万名员工为国家提供的爱国服务的认可。"不过，里面并未提及战争利润或温彻斯特股票的上涨。

战争期间，美国的毒气产业也蓬勃发展。由于毒气已被引入战争，美国人也开始生产它。在战争结束前，美国化学家已经研发出63种不同的毒气，其中8种准备投入使用。马里兰州埃奇伍德的兵工厂及其附属设施每周生产810吨毒气，这使得美国的毒气产量超过了世界上任何其他国家。例如，法国的每周产量仅为385吨，英国为410吨，而德国远远落后，每周只有210吨。

对美国人来说，这810吨毒气实际上只是一个开始。就在战争结束前，他们准备将生产量增加到每周3000吨。政府为化学战分配了一亿美元，将有4.8万人被雇用于这项任务。但在世界能够得到美国这一效率的有力证明之前，停战协议就被签署了。

克利夫兰自动机械公司在1915年5月6日的《美国机械师》上刊登了一则广告，这则广告在国内外产生了巨大争议，引发了广泛的批评。这家公司有一台制造榴弹的机器，它急于出售。这台机器制造的榴弹的致命性显然超过了任何其他武器，因为它是一种毒气榴弹，能让人陷入"极度痛苦"并在四小时内死亡。刊登在《美国机械师》上的广告如下：

"这种材料具有很高的抗拉强度和非常特殊的性质，在炮弹爆炸时容易碎裂成小块。这种炮弹的引信时间与榴霰弹相似，但不同之处在于使用两种爆炸性酸来引爆炮弹的大腔室。这两种酸的结合会产生强烈的爆炸，威力超过迄今使用的任何类似物质。碎片在爆炸时会沾上酸性物质，如果不及时处理，被酸性物质炸伤的人将在四小时内痛苦地死去。

"根据我们对战壕情况的了解，任何人都不可能及时得到医疗救助以避免致命后果。如果伤口在身体或头部，必须立即烧灼伤口，如果在四肢，则必须截肢，因为似乎没有任何解毒剂能够中和这种毒素。

"由此可见，这种炮弹比常规榴弹更有效，因为普通榴弹的碎片不会在肌肉中造成这么危险的伤口，也不含有毒成分，不会像这种炮弹这样必须及时处理。"

该广告立即引发了公众的广泛关注并遭到了强烈谴责，《美国机械师》因刊登该广告而受到严厉批评，商务部长雷德菲尔德也做出了谴责。

这则广告很快被转发到德国，在那里广为流传。它的副本被放在了每位德国国会议员的桌上，随后引发了激烈的讨论。美国驻柏林大使杰拉德向国务院报告了这一事件，并补充了他自己的推测，认为该广告是一个笨拙的伪造品，旨在进行反美宣传。但这则广告足够真实，为德国煽动者提供了绝佳的材料。

面对广告引发的广泛轰动，克利夫兰自动机械公司最终给出了所谓"解释"：这都是一个错误，一个误会。该公司曾向杂志发送了一篇关于榴弹机的文章和广告文案，这是当时经常出现在《美国机械师》上的一个主题。这篇文章的部分内容由于错误而被刊登在广告中，这一不幸的替换引起了轩然大波。《纽约时报》和各种其他期刊接手了这个案例，并用一打避重就轻的论点为广告商和期刊进行了勇敢的辩护。不难看出，这些辩解的可信度很低，尤其是华盛顿的主管官员斥责该杂志刊登了这则广告。

伯利恒钢铁公司则更好地使用了媒体。这家公司是长期以来为美国海军供应装甲板的"三巨头"之一。长期以来，人们一直对装甲板的价格不满，高昂的装甲板价格在某种程度上可能是政府政策的直接后果。因为在"美国海军之父"西奥多·罗斯福的领导下，政府对装甲板采取了刻意的虚拟补贴政策。几年来，米德韦尔钢铁和军械公司在这一领域的出价一直低于竞争对手，但直到它的价格与其他装甲板制造商相同时，它才得以获得政府合同。米德韦尔最终"学会了规则"，不再以低于竞争对手的价格竞标。之后，它与卡内基钢铁和伯利恒钢铁共享装甲板订单。整个过程似乎是政府试图帮助和培养国内装甲板产业的尝试。

人们认为政府的收费过高，于是国会决定建立一个政府装甲工厂。国会任命了一个委员会对成本进行调查，并提议花费1100万美元来规避"装甲板联合"。

装甲板制造商们惊慌失措。他们该怎么办？如果政府建立了自己的工厂，他们将失去大部分生意，最重要的是，他们可能还必须降低价格。他们在华盛顿提出了抗议，但国会坚持其计划。然后，伯利恒钢铁想起了媒体的力量。它在3257份报纸上插入了付费广告，阐述政府计划的"愚蠢"。在这些广告之后，伯利恒又在全国范围内发行了26份公告，发行量达数百万份。

伯利恒宣称，国会所考虑的行动干预了自由竞争。这是纯粹的浪费，因为国内已经有很多装甲板工厂。政府生产的装甲板将会非常昂贵，因为政府永远无法像私人制造商那样生产得那么好和那么经济。最后，这是对国家安全的威胁，因为政府永远不可能掌握该领域的最新发展，因此美国海军将使用劣质材料。

媒体很快就明白了这一点。没过多久，伯利恒钢铁公司就引用了来自全国各地的一长串社论评论，它们一致认为政府的装甲厂计划非常糟糕,是对人民金钱的极大浪费。①

在其新闻宣传活动中,伯利恒钢铁公司也对讹诈和牟取暴利的指控做出了回应。自1887年以来,它已向政府提供了95072吨装甲板,平均价格为每吨432.62美元,也就是说,其政府业务总额约为4200万美元。在同一时期,它向其他国家销售了5331吨装甲板,其中大约2/3的价格高于美国,大约1/3的价格低于美国。现在,它准备以有史以来最低的价格向政府提供装甲板。为什么国会要浪费人民的钱,去建立一个政府装甲板工厂呢?

就这样,伯利恒无休止地变来变去,援引新闻报道,否认游说活动,强调自己的爱国主义。只剩下两件事需要补充:政府装甲板工厂从未建成;1916年海军合同签订时,伯利恒钢铁公司的子公司伯利恒造船公司收到了85艘驱逐舰的订单,造价为1.34亿美元。

雷明顿武器公司在战争期间也非常忙碌。一名热心的编年史作者描述了雷明顿武器公司在这一时期的巨大扩张:"1914年初,伊利昂和布里奇波特的两家工厂大约雇用了

---

① 这些材料被收集在《伯利恒钢铁公司呼吁人民反对耗费11000000美元人民资金建造政府装甲厂的提案》中。媒体对伯利恒钢铁公司广告宣传的评论单独发表在《国会在政府装甲厂问题上的所作所为以及人民对此的看法》一文中。其中一份广为散发的公告题为《建议"浪费"1100万美元建造政府装甲厂》。

3700名工人进行和平时期的生产。然后，来自英国、法国、俄罗斯和塞尔维亚的需求急剧增加，包括步枪、小型武器、弹药、刺刀和大型炮弹，如著名的法国75毫米炮。现有工厂紧急扩建，包括在布里奇波特增加了一个巨大的新兵工厂用于生产俄罗斯步枪，在新泽西州霍博肯建造了一个12层楼高的工厂用于制造俄罗斯弹药和子弹，在佛蒙特州斯旺顿接管了一个工厂用于制造法国步枪弹药。"

当美国加入战争时，"枪支的产量从数千飙升到数百万支；弹药从数百万飙升到数十亿。这些工厂生产出了惊人数量的勃朗宁机枪、1917型军用步枪、45口径自动手枪、刺刀和堑壕战材料"。在战争活动的高峰时期，雷明顿工厂半天内生产的材料，相当于和平时期四个月的工作量。

恩菲尔德步枪的故事为美国军火工业的国际活动提供了一个奇特的侧影。雷明顿武器公司接到了来自英国的一大批恩菲尔德步枪的订单；在战争期间，它向英国交付了70万支这种步枪。尽管如此，恩菲尔德步枪并非战争期间表现最好的步枪；经过大量实验后发展出来的美国春田步枪才被认为是一种更好的枪械。实际上，英国的恩菲尔德步枪是一种过渡性的枪械；也就是说，1914年的英国人对它并不满意，正在寻求替换它。他们之所以保留这种枪，只是因为新枪的试验工作尚未完成。

当雷明顿（和温彻斯特）接到英国的恩菲尔德步枪订

单时，他们发现有必要花费几个月时间重组车间、调整机器和引进新机器。当美国加入战争时，它试图向这些大型小武器工厂下达巨额的春田步枪订单；但这些工厂很快就发现，再次重新组织工厂和调整机械将耗费大量时间，政府将要过几个月才能收到其春田步枪。唯一的解决办法是美国军队接受美国工厂在短时间内制造的较劣质的英国恩菲尔德步枪。于是，美国士兵使用春田和恩菲尔德步枪参加了世界大战。这一事件被国会委员会用来反驳军火商的论点，即外国订单"使他们能够在美国紧急情况下继续生产"。在这种情况下，外国订单削弱了美国军队的装备。

在战争中兴旺发达的另一家军火公司是美国弹药公司。在战争年代，该公司的生意从未像现在这样好过。为了向协约国供应弹药，公司在南洛威尔建立了一个新的辅助工厂。在美国加入战争后，位于洛威尔市中心、已闲置数年的巨大的比格洛地毯厂迅速转变成一个最新的弹药工厂。公司员工从1914年的1200人增长到1.5万人，生产速度大幅提高。从1915年到1919年，该公司为英国、俄罗斯、荷兰、意大利、法国和美国政府填充了弹药订单。其战争物资的总产量达到了惊人的2262671000件。

与所有这些军火商和战争承包商的"成功"相对的，还有一些令人沮丧的失败。哈丁总统在1921年8月29日的一封信中总结了这些失败。总统在信中写道："我们的政府……为制造飞机、大炮和炮弹支出了50亿—60亿美元。据官方证实,在战争前线投入使用的美国制造的飞机不到200架,美国制造的大炮不到200门,而美国炮兵使用的弹药中,美国制造的不超过百分之一。在航运委员会的指导下,美国大约投入了35亿美元;但我从陆军部得到一个奇怪的信息,即航运委员会建造的船只中只有一艘运送过美军到欧洲作战。根据陆军部的记录,1917年10月,这艘名为'自由号'的货船运载了大约50名士兵前往欧洲。"

最大的失败尤其是在火炮、飞机和航运方面,这一点很容易理解。美国军火工业一直以其小型武器和弹药而著称,它们在战争中有着出色的表现。此外,机动性高的小型火炮的生产效率也很高,战争期间,他们成功完成了一笔大量生产法国75毫米火炮的订单。但是重型大炮从来不是美国人的强项,他们通常依靠协约国提供这些武器,同时使用所有可用的船只运输军队。

至于飞机,失败的原因在于缺乏经验、判断失误,也可能是偷工减料。当时,飞机仍处于萌芽阶段,虽然协约国取得了飞速发展,但美国人继续制造粗糙的德哈维兰4型飞机,飞行员称之为"火焰棺材",因为它们造成的战斗伤亡数字是其他飞机的三倍。截至1919年6月30日,航空领域的支出超过了10亿美元,然而没有一架美国制造的歼击机或战斗机,或一架美国制造的轰炸机抵达前线。至于航运，失败的原因主要是缺乏时间。美国人是相当不错的造船者，但由于事态发展太快，航运委员会直到战争结束才开始交货。

和平会议召开数年后，格雷厄姆战争开支委员会详细审查了许多其他类似问题。这些卷帙浩繁的报告好似一座名副其实的宝库，其中蕴藏着关于战争进行的重要信息。有一点是毋庸置疑的：战争给军火制造商带来了丰厚的利润。

第十四章

世界变得更好了吗？

> 反对和平的文章是用大炮和炮弹一样的钢笔写成的。
>
> ——白里安，法国前外交部长

法国人说："越变，越会一成不变。"法国人最了解这一点，他们是愤世嫉俗的克列孟梭、轻巧的塔尔迪厄和阴谋的庞加莱的同胞。无论美国的"摩西"，带着他的"新十诫"（即十四点原则），在和平会议上坚持什么新东西，和平条约的制定者和解释者都会确保没有任何根本性的改变。在民族自决的名义下，欧洲和近东的版图被分割成一个新的地理格局，产生了许多小的新国家。这种新安排往往用来强调旧的竞争联盟、秘密外交、领土复兴等系统。"委任统治"作为反对旧殖民主义的举措而建立，但不久每个国家都将其"委任地"视为本国领土或保护地。在国际上，"赔偿制度"甚至被认为是比传统的军事掠夺和索赔更为恶劣、更引起不安的事情。签订的和约中包含了十几个引起摩擦、争端和战争的因素。最后，国际联盟成立了，预示着世界事务进入了一个新时代，但事实证明，这个机构往往只是和平条约的附属品。

如果说有人刻意制造了一个军火商可以大展拳脚的环境，那么没有比现在更好的局面了。在"终结一切战争"的战争结束后，施耐德、维克斯、斯柯达，甚至失意的克虏伯，实际上又"开始行动"了。

事实上，和平会议还在进行时，希腊人和土耳其人之间的战争就爆发了。土耳其人对希腊人的无情屠杀足以激发韦尼泽洛斯及其士兵的野心。英国支持希腊人；通过巴希尔·扎哈罗夫爵士的善意斡旋，维克斯的武器被充分供应给希腊人，随着他们前进到小亚细亚。但法国人也对黎凡特地区感兴趣，他们没有阻止施耐德武装土耳其人。

于是，在这个"新世界"里，立即出现了一个古老而熟悉的现象：两个友好国家，实际上是盟国，却分别支持另外两个交战国。尽管世界大战已经结束，军火工厂却仍然做好了大规模生产的准备，他们对任何销售渠道都感激不尽。希腊人，无论是因为糟糕的将领还是因为维克斯产品的劣势，都被土耳其人击败，很快就在安纳托利亚乱作一团。一名美国记者讲述了这一情况：

"首先我看到了希腊人的撤退。他们留下了炮兵和机枪,所有这些都带有英国维克斯公司的标记。然后我目睹了土耳其人进入士麦那的胜利。他们带来了由克鲁索制造的精美大炮。那一天,我明白了'协约亲善'意味着什么。"

"委托统治"这个词也几乎一下子成为战争和叛乱的代名词。法国人被任命为叙利亚的"守护者";但是好战的德鲁兹人和埃米尔·费萨尔对他们的主张提出了争议,而且怨气不小,因为英国人曾承诺将这片领土交给埃米尔。当然,施耐德为萨拉尔将军轰炸大马士革和"直街"提供了武器弹药。至于德鲁兹人的装备,对于沙漠部落的战士来说,它出奇得现代化,有传言说这些都来自伯明翰和利兹。然而,和安纳托利亚的情况一样,唐宁街与奥赛码头仍然和平相处。

不久后,奥赛码头似乎陷入了自相残杀的境地。在摩洛哥,法国拥有的不仅仅是委任统治权,而是一个繁荣的殖民地。他们对这片领土的占有突然受到了北非荒山中那位勇敢的酋长,所有散居的穆斯林部落的英雄,阿卜杜勒·克里姆的挑战。这位里夫领袖走上了战争的道路,雄心勃勃地谈论起如何建立一个里夫共和国。他首先攻击了西班牙人,因为西班牙人的领地里有一部分属于里夫。很快,庞大的西班牙军队被击溃,里夫共和国开始不再是一个幻想。

现在法国人也必须被赶出去。这位山地酋长的威胁如此之大，以至于法国觉得有必要派遣他们最优秀的士兵之一，利奥提元帅，带着大约15.8万人前往非洲。里夫起义最终被镇压，阿卜杜勒·克里姆被放逐出他的故乡。

在这场殖民战争中，所有观察者和参与者都对里夫人展示的现代装备感到惊讶。即使在最终投降时，这些部落也被发现拥有135门大炮、240挺机枪和超过4万支步枪。这些武器从哪里来的？其中一些是从西班牙人那里缴获的，但那不是唯一的供应来源。后来显示，西班牙军队的腐败程度如此之高，以至于西班牙人甚至将自己的武器卖给了里夫人。比这些来源更重要的是广泛的走私武器。关于这些走私武器的来源和走私者的国籍有许多传言。据报道，法国士兵从里夫人那里缴获了明显是法国制造的机枪、弹药甚至飞机，但官方和新闻界对此保持谨慎的沉默，对这一发现避而不谈。

这是法国政治和法国武器工业的伟大时代。法国的影响力遍及中欧和东欧，克鲁索变得强大而健壮。施耐德先生不再遭受普蒂洛夫事件期间所受的屈辱性回绝。在那场争斗中拯救了他的高超骗术现在不是用来防御，而是用来进攻了。法国国力上升，没有什么比大炮跟着国旗走更有利可图的了。

施耐德与波希米亚著名的斯柯达工厂是旧相识。战后，斯柯达的业务陷入萎靡，其财务结构变得岌岌可危。1920年，施耐德通过一个控股公司"欧洲联盟"来拯救斯柯达，这个公司是施耐德与巴黎联合银行的合作产物。施耐德成为斯柯达的"主要参与者"之一，他夸口说，在对斯柯达的工业流程进行全面现代化改造后，他使斯柯达到了"极快的发展速度"。

这种发展速度如此之快，以至于在短短几年内，斯柯达就控制了马萨里克共和国的汽车工业（劳林-克莱门特）、电缆公司（卡布罗）、航空企业（阿维亚）、布尔诺-多纳特的发电厂以及筑路公司，然后它的业务扩展超越了捷克斯洛伐克的国界。斯柯达在波兰的子公司是波兰飞机制造公司；在罗马尼亚的普洛耶什蒂，它有一个军火工厂；在南斯拉夫，斯柯达重组了铁路并参与了中央电力公司的业务。但斯柯达并没有停留在这些限制之内，它跨越了"小协约国"这个政治联盟的边界，进入了匈牙利，并在布达佩斯的信贷银行中获得了财务利益。

斯柯达在罗马尼亚的代理塞莱茨基（或泽列夫斯基）活动中发生的丑闻已经引起注意。施耐德在匈牙利的交易同样曲折，尽管匈牙利被视为法国的潜在敌人。《特里亚农条约》禁止匈牙利拥有武装，但施耐德却向匈牙利提供贷款。当贷款到期时，马扎尔人无力偿还，但法国政府可以，于是法国为匈牙利安排了一笔官方贷款。这笔贷款刚好足以覆盖施耐德的债务，且不是通过法国银行的常规渠道，而是通过施耐德的银行——巴黎联合银行转给了匈牙利。这一情况由来自克鲁索的社会主义议员保罗·福尔在众议院揭露，与此同时，人们也知道匈牙利已经重新武装起来，可以在短时间内投入30万军队。

对于这种幕后操纵贷款和政治联盟的复杂情况，法国记者查尔斯·雷伯的评论相当具有启发性。"施耐德和他的斯柯达，是一个国中之国。他们首先通过反对贝内斯的多瑙河联邦计划，从匈牙利和小协约国之间的冲突中获得了巨大利润。当时，这只是一个向这些小国提供军备的问题。接下来，当危机出现时，在塔迪厄和弗朗丹①的幕后操控下，通过切断巴黎对那些抵抗者的信贷，施耐德及斯柯达从他们活动的国家勒索了数亿法郎。后来，他们发现那些被冻结的信贷无法被解冻，便构想了一个修订版的贝内斯计划。后来人们常说的塔迪厄计划，其实是源自施耐德的构想。"

早就有很多学者论证过施耐德和斯柯达在帮助希特勒和重新武装德国方面的角色，此处不再赘述。从军火商的角度看，这些都是很好的投资。不过，法国与日本的友好

---

① 这二人均是20世纪20年代的法国政府高层，都曾当选为法国总理。

关系还是有些出人意料。其实，双方早就存在着联系。法日合资银行的董事会上有一位圣索维尔先生，他是施耐德的亲戚；曾在这家银行担任总裁的查尔斯·杜蒙则是前任海军部长；施耐德的工厂也一直在为日本生产大量战争物资。法国记者皮埃尔·科特暗示，这些日本订单背后的意图不仅仅是满足日本对武器和弹药的需求。"日本并不需要所订购的物资，但日本人需要施耐德家族的影响力。"

然而，对法国军火商来说，比这一切更重要的是整个裁军问题的悬而未决。显然，这是一个必须予以打击的威胁。在这里，新闻媒体再次发挥了作用。《巴黎回声报》是一家拥有庞大读者群的知名日报。它与《晨报》《时代报》《辩论报》和《小巴黎人报》一起，与强大且保守的哈瓦斯通讯社联合（该社在法国的地位相当于美国的美联社），共同塑造公众舆论。最近，《回声报》的专栏中发起了一项反对裁军的募资活动，标题为"反对裁军的斗争"。在捐款名单上，我们注意到几笔匿名捐款，分别是 2.5 万法郎、5 万法郎和 10 万法郎。这些不愿透露姓名的贡献者是谁呢？我们可以从该报 1931 年 7 月 15 日刊登的"反对裁军"的讽刺广告中找到一些蛛丝马迹。这则广告由 S.O.M.U.A 出资，调查显示，S.O.M.U.A 是一家与施耐德有关的武器公司，全称为机械工具和火炮加工公司。

在这场反对裁军的运动中，日内瓦自然成为施耐德及其盟友集中攻击的一个突出目标，而且并非徒劳无功。对和平之友来说，1932年的裁军会议是最不令人满意的。原因并不难找。在法国代表团中，军火商有他们自己的发言人，查尔斯·杜蒙，他是施耐德的附庸；由于他的主人制造潜艇，杜蒙坚持承认潜艇是合法的战争工具也就不足为奇了，这也是会议失败的原因之一。此外，维克斯一名董事的兄弟 F. G. C. 达纳伊上校是英国代表之一。显然，军火商早就对内部策反的手段烂熟于心了。

施耐德的心中仍有一根刺。来自克鲁索的社会主义议员保罗·福尔继续在众议院揭露军火商的行径。福尔向同事们宣读了一份来自克鲁索家族的文件，其中记录施耐德向德国莱比锡的毛瑟公司发送了1000公斤用于制造毛瑟枪弹的火药，还有一批发往巴登的保罗·卡皮特公司。他对施耐德的历史进行了一些研究，并向代表们展示了施耐德和德国皇帝在游艇上的合影、施耐德陪同保加利亚沙皇斐迪南视察克鲁索工厂的照片，以及其他类似的揭秘照片。在人民代表的抨击下，施耐德的一名发言人提供了一个相当巧妙的解释，称运往德国的火药是为捷克斯洛伐克的斯柯达工厂准备的，仅仅是"过境"德国。这名发言人没有对照片发表评论。

这是一个必须堵住的漏洞。外国政府、外国工业界、法国工业界、法国媒体、法国政府，甚至法国裁军委员会都被"搞定"了,剩下的就是除掉这个保罗·福尔。在施耐德发家时,他曾在投票站恐吓其工人,并为其代表赢得了多数票。现在,为什么不能重演这一幕呢?1932年,福尔再次在克鲁索选区竞选,结果再次因为同样的恐吓和影响手段落败。因此,反对军火商最有力的声音之一被剥夺了发言权。

看起来,"克鲁索至上"的情况已经得到了确立——在欧洲大陆上也确实如此。维克斯虽然仍在勇敢地为其地位奋斗,但也遭遇了一些挫折,至少暂时是这样。与法国人不同,英国人对主张和平的人持开放态度。1921年的华盛顿海军会议上,查尔斯·埃文斯·休斯提议,在大型舰船问题上,英国、美国和日本应将舰队限制在5∶5∶3的比例。消息传出后,最敏感的注册机构——英国证券交易所立刻做出反应,导致维克斯证券价格下跌。

维克斯向政府求助,询问是否会屈服于这些灾难性的提议。在拖延了一段时间后,海军部答复说,它认为维持维克斯的军备工厂是"必要且可取"的,但这也只是让股票暂时上涨。

维克斯需要的不仅仅是来自海军部的鼓励,而是更加英勇的措施。维克斯在战争期间大幅扩张,而英国没有在停战协议后为军备业务安排任何逐步减少的新订单。为了自救,维克斯不得不涉足其他业务领域。它开始涉足铁路车辆和电气设备的制造，增加了更多资本，并在波兰建立了一家军用材料制造工厂。它甚至在波罗的海建造了一个船厂，改造了意大利特尔尼工厂以接受电气订单，并接管了西班牙庞塞拉达的一些矿山。但它越是挣扎，就越是臃肿不堪。

显然，电气及相关企业并未带来预期的业务，而英国的经济萧条也未缓解。大陆国家获得的信贷因通货膨胀而损失殆尽，维克斯公司显然处于极度危险之中。一个由银行家和实业家组成的委员会对其事务进行了调查，以期重组。结果是资产被重新评估，其资本股本减少到了1/3。对股东来说，这是一项痛苦的措施，但面对可能失去所有股份的风险，这个结果意味着维克斯尽管在世界大型托拉斯中的地位有所下降，但得以继续存在。

这再次证明了和平对某些企业意味着灾难，尤其对于维克斯公司的主要竞争对手——阿姆斯特朗公司而言。阿姆斯特朗公司曾试图效仿维克斯公司，走上产品多样化的道路，但它的境况比维克斯公司糟糕得多。重组委员会正在研究它的命运，不可避免地要与银行家们进行磋商。而且，像往常一样，它会被建议进行激进的"手术"。巴希尔·扎哈罗夫爵士从他在地中海上的巢穴中现身，这是他最后一次也是最阴暗的一次任务。据说他向掌握阿姆斯特朗命运的银行施加了压力，要求它们即使承担巨大损失也要命令阿姆斯特朗与维克斯合并，否则它们就将承担无法想象的后果。事实是，它们确实合并了，维克斯在重组和合并中获得了更大的份额。

或许正是扎哈罗夫爵士在国际金融中的这一胜利结局，促使维克斯向他呈上了一只金杯，上面刻有如下铭文：

> 献给巴希尔·扎哈罗夫爵士，G.C.B., G.B.E.
> 由维克斯有限公司的主席和董事会敬献
> 在扎哈罗夫爵士与公司合作满50年之际
> 作为对他为公司所做的宝贵工作的极大赞赏
> 以及诚挚的谢意和崇高的敬意

尽管维克斯公司和阿姆斯特朗公司的情况令人沮丧，但合并后的公司后来仍以不小的规模存在。它在英国的联合体包括四个公司：维克斯-阿姆斯特朗、英国钢铁公司、大都会-卡梅尔公司和维克斯（航空）有限公司。其子公司的业务覆盖范围几乎和大英帝国的殖民地一样广泛。在爱尔兰有一家维克斯爱尔兰公司，据说在爱尔兰革命期间，该公司曾为爱尔兰人提供武器，帮助他们与黑棕军作战；在加拿大和新西兰有维克斯公司和维克斯有限公司；在西班牙有西班牙海洋建设公司和普拉森西亚武器公司；在罗马尼亚有雷西塔冶金厂和小科普萨公司；在波兰有波兰战争物资公司。值得一提的是，罗马尼亚和波兰的这些企业的部分股权归属于施耐德-克鲁索。

在屈服于《凡尔赛条约》并停止制造武器之后，克虏伯将其部分军备工业生产业务越过边境放到了荷兰，并在那里开设了一家工厂；另一位著名军火商莱茵金属在荷兰也有一个工厂。维克斯在这两家工厂都有权益，而且在位于海牙的英荷技术贸易公司以及荷兰弹药厂也有股份。

更值得注意的是维克斯与荷兰飞机制造商福克公司的联系。福克是柏林平斯公司的子公司。这家表面上是气体设备制造商的平斯公司实际上生产战争物资，英国工程师曾在那里工作。更有趣的是，平斯还被认为是希特勒的资助者之一。

维克斯的业务遍布整个欧亚大陆。在瑞士，维克斯持有布朗-博维里公司的股份；在意大利，维克斯-特尔尼向墨索里尼供货，并通过他向匈牙利供货。与此同时，维克斯的董事赫伯特·劳伦斯爵士还是罗马尼亚银行的董事，在卡洛尔国王的国家发出军火订单时，这一职位具有战略意义。在遥远的日本，维克斯也拥有日本制铁的股份。因此，尽管暂时遭受挫折，扎哈罗夫爵士的老东家仍然保持着他们的地位。

说到这里，这位为维克斯冲锋陷阵、打击各地销售阻力的希腊先锋现在又在做些什么呢？世界大战期间，扎哈罗夫迎来了职业生涯的巅峰，他多年的辛勤工作得到了回报，他为自己的成就感到骄傲。然而，他的人民的致命傲慢也降临到了扎哈罗夫身上。现在他获得了乔治国王的恩典，被授予骑士勋章，成为巴希尔·扎哈罗夫爵士。他像墨西哥将军一样戴着勋章和装饰，他的腰包也因战争的巨大收益而鼓鼓的，他显然觉得自己可以放纵一下自己的商业嗜好了。即使在向土耳其人销售潜水艇时，这个希腊人也无疑感受到了爱国主义的刺痛，现在他强大了，周围都是他的政治朋友，他的祖国在铁血的韦尼泽洛斯的统治下，他预见到了一个以战败的土耳其为代价的"大希腊"。

他成了希腊在安纳托利亚进行扩张战争的天使。他的老同志劳合·乔治给了他英国的祝福，克列孟梭也没有提出反对。他为支持希腊军队投入了大约2000万美元，如果不是因为法国出乎意料地反对——当时克列孟梭的权力正在减弱，加上雅典突然爆发的反对韦尼泽洛斯的革命，他可能已经看到了自己梦想的实现。但是，韦尼泽洛斯倒台了；土耳其人装备了法国大炮并击败了希腊军队；最糟糕的是，劳合·乔治让他失望了。

随着希腊军队沮丧地穿过小亚细亚返回，著名的扎哈罗夫与威尔士政治家之间的联盟遭到了激烈的攻击。厌倦战争的英国公众质问，为何劳合·乔治如此愿意将他的同胞拖入这样一个无趣的国度，而国会议员沃尔特·吉尼斯暗示希腊人是"王座背后的力量"。英国人决定，没有军火商可以对他们的首相和政府的政策发号施令，劳合·乔治政府不得不辞职。

劳合·乔治在英国政坛的势力就此终结，扎哈罗夫在欧洲各国政府中的声望也随之落幕。由于背离了军火商公正的国际准则，这位准则的伟大倡导者最终失败了。不过，他仍有一个领域可以进行最高统治。得益于朋友克列孟梭的安排，摩纳哥亲王得以免受法国的干预，而扎哈罗夫也借此机会获得了蒙特卡洛赌场的控制权。他娶了西班牙波旁皇室的比利亚弗兰卡公爵夫人为妻，并定居下来，成为轮盘赌和百家乐的统治者。

一年后，他的新娘去世，扎哈罗夫从赌场退休，同时也退出了活跃的商界和政界。他持有的维克斯公司股票让他损失惨重，但庞人的石油股份仍然使他保持着巨大的财富。他仍然是那个神秘的人，每隔一段时间，就有关于他去世的报道——毕竟那时他已经80多岁了。更有趣的是，有传言说他写了自己的回忆录。最后，他在比亚里茨为战争伤员建立医院的消息无疑为愤世嫉俗者和其他人提供了极好的谈资。

扎哈罗夫退休，维克斯刚刚躲过破产，而克虏伯则因凡尔赛条约而退出军火生意，从许多方面来看，这似乎是军火商真正的"诸神之黄昏"，但这种情况没有持续很久。

维克斯公司幸存了下来，并显示出复苏的迹象。甚至克虏伯公司也奇异地复活了。《凡尔赛条约》规定，克虏伯的大炮工厂禁止制造武器，虽然重组后的维克斯和胜利的施耐德可能会继续向本国的朋友和敌人出售武器，但从法律上讲，克虏伯及其德国同胞不能参与。实际上，克虏伯因其手榴弹引信的版权费对维克斯提起了诉讼，看起来好像这位老商人已决定结清账本，并且一劳永逸地结束他在军火方面的账目，但这种情况并没有持续很久。

克虏伯不得不退出德国的军火生意，但条约中没有规定不得通过其他国家的中介进行觅食。瑞典有一家博福斯公司，与其说它是一家公司，不如说它是一个独立王国，就像埃森曾经几乎是一个主权国家，今天的克鲁索几乎就是一个国中之国一样。但克虏伯获得了博福斯公司的重要股份，博福斯公司使用了他的专利。此外，还有指控称，无处不在的施耐德试图获得这家公司的一部分股份。因此，尽管瑞典国王古斯塔夫——这位欧洲最向往和平的君主在统治斯德哥尔摩，阿尔弗雷德·诺贝尔的同胞们在颁发著名的和平奖，但在他们中间，一个新的军火商财团正在为炮弹安装定时引信、钻孔、制造手榴弹。

因此，从世界大战的废墟中诞生的新世界与旧世界非常相似。政治和领土争端仍在继续，民族主义的势头未减，而和约在埋下了挑起纷争的根源之后，又培养出了一大批心怀复仇之火的战士。对于军火商来说，这似乎是一个比战前还要美好的世界。当然，和平时期无法维持战时的业务量，需要做出一些调整。但总体来看，前景是光明的。最大的威胁是全世界日益增长的裁军需求。和平力量、劳工和在税收负担下呻吟的普通民众的强烈呼吁，迫使各国政府召开国际会议，讨论世界裁军问题。如果这些会议取得成功，军火商的生意肯定会受到影响。但是，军火商们能够应对这一紧急情况。

第十五章

裁军会议的反对者们

有人说，伯利恒钢铁公司的任何代表曾经在华盛顿试图影响关于海军或军事计划规模的立法——那不是我们的业务。我们的业务是为美国政府服务……当你们决定了你们想要什么的时候，我们就在这里为你们服务。请不要对我们有这样的看法，这是不公平的。

——伯利恒钢铁公司总裁尤金·格雷斯，1916 年 3 月 22 日，在众议院海军事务委员会前的发言

在人类史的图谱上，1927 年有两条线汇聚在了一起：一条是代表战争的红色线条，这是军火商的象征，从列日人为阿尔瓦公爵提供武装起，一直间歇性上升到巴希尔爵士抵达雅典的时期，然后在过去的 10 年中急剧上升；另一条是代表和平的静谧的蓝色线条，从太古之初就隐隐波动，随着海牙和平宫的建立而盘旋上升，最终在日内瓦湖畔的另一座建筑中达到最高点。

1927年，英国、美国和日本参加的海军裁军会议在那里召开。和平之友罗伯特·塞西尔爵士——高大、杰出、英国保守主义的典范、坚定的裁军倡导者，与资深的美国外交官休·吉布森一同出席了会议，表达了美国人民对和平和削减军备的渴望。日本人彬彬有礼、却又神神秘秘地参加了会议。还有其他人——像厄尔·杰利科海军上将和弗雷德·菲尔德海军上将这样的严肃的蓝衣男子，以及一群不愿看到更多战列舰被报废的美国海军老将。但那时在日内瓦还有另一个人物，他与罗伯特爵士或吉布森先生完全不同，没有穿着海军的专业蓝色制服，但与海军军官们的关系非常融洽。

威廉·鲍德温·希勒可能是辛克莱·刘易斯笔下的巴比特的原型——自信、和蔼，对所有人都会友好地拍肩膀、握手，是一个真正的销售员。另一个超级死亡推销员？很难说这是不是希腊人的传统。他身上有一种吉尔伯特式的神秘感。谁会对一个持有"金西土著之子"协会和"美国革命之女"协会证书的人感到恐惧呢？有哪个人，尤其是美国记者们，能在被这位和蔼的人物邀请到离日内瓦万国宫不远的豪华宅邸中享用"一顿真正的美国式晚餐"时，抵挡住他的魅力呢？

希勒先生肯定是个美国人，他在《名人录》中的回答，"我是一个新教徒和民族主义者"，恰好证明了这一点。但他在国外也有记录。他声称他引入了英国第一家夜总会，还对拳击赛的推广和戏剧表演感兴趣。他赌马，这让他陷入了一些麻烦。对于"你因此被逮捕过吗？"的问题，希勒回答说："我在巴黎因英国大使馆的指控而被捕，然后退还了125英镑，事情就此结束。"在美国，他承认，他因涉及酒类指控被"逮捕"并缴纳了500美元的保释金。

随着1927年日内瓦会议的临近，希勒先生已经为此做好了准备。他已经为早前的一次会议做了一些宣传工作，对于海军裁军的潜在危险以及英国海军可能带来的威胁持有明确的观点。这些爱国观点似乎吸引了三位美国绅士的兴趣，他们是纽约造船公司总裁巴多先生、伯利恒钢铁公司的韦克曼先生，以及纽波特纽斯造船公司副总裁帕伦先生。经过一些初步接触后，希勒先生被这些人雇用前往日内瓦。根据他自己的说法，他是为了在会议上确保美国能"表明自己的立场"，尽可能达成一项平等条约。如果做不到的话，他就什么都不会签。

希勒先生的酬劳是每年2.5万美元。他带着这笔钱来到国际联盟的总部，在尚帕尔高级住宅区租了一套公寓并开始工作。他对自己支持者的身份表现出不同寻常的谦虚，平时只会提到美国革命之女协会和其他爱国组织。在场的《纽约时报》记者怀特·威廉斯先生说："他对自己的收入来源只字不提。"但他一定是位具有崇高声望的人，因为据威廉斯先生说:"在会议的第一天,当三国的提案首次提交公众审议时,希勒先生设法在联盟秘书处举行会议的著名玻璃房间内获得了一个座位,这是一项了不起的成就,在那里他能够详细记录会议内容。"

他迅速与最为好客的生物之一——美国记者建立了友好关系。对于这些记者来说,炮口仰角或直径的技术数据实在是太难懂了。而希尔先生能够为媒体提供关于这些问题的"资料",几乎没有记者会拒绝查阅这些能彻底澄清问题的文件。根据威廉斯先生的说法,他准备了"大量详尽的数据"。他还向记者们每周提供亲自签名并准备的小册子,据威廉斯先生说,这些小册子"激烈而又委婉地反对英国"。

难怪希勒先生比"第四权"那些不专业的成员更了解这些细节。根据他自己的说法,他在正式的官方授权下,从美国海军部获得了一份或多或少涉及海军统计数据的机密文件。他声称,在前往日内瓦之前,他与海军部的十几位海军上将、多达数百位的海军上校以及海军部的每一位指挥官和中校进行了交谈。难怪他可以断言,除了琼斯上将,他在日内瓦与美国海军代表团的所有成员都交谈过。因此,当他前往罗马时,海军情报局非常看重他,以至于向驻罗马大使发出了电报,预告这位重要人物的到来。当他到达时,弗莱彻大使和海军武官接待了他,并与他讨论了地中海局势。

希勒先生完全可以自豪地宣称，在这次著名的三国会议上，他工作得既积极又出色。皮尔逊先生做证说："我经常在酒店的休息室看到希勒与代表团成员在一起。"在他豪华的住所里，希勒先生在妻子的帮助下款待了记者们。我们从一位记者那里获得了关于他的描述："他用准确而顿挫的语调，清晰而透彻地讲述了如果接受英国的条件，将对美国造成的不利影响。"

如今，全世界都知道那年的会议以失败告终。军火利益集团有一个值得尊敬的代理人。希勒确实是会议上的一头狮子。他在欧洲记者中被称为"破坏会议的人"，当报纸上的一篇报道用这种谄媚的色彩来描绘他时，他不厌其烦地把它剪下来寄回家给他的支持者。

凯旋而归的英雄并没有就此安心躺在他的荣誉上。他没有从之前的支持者那里收到对他宝贵成功的认可，但纽约造船公司的控股公司，布朗·博维里公司的怀尔德先生于1928年雇用他进行更多的宣传工作，这证明他确实给人留下了深刻的印象。作为一名统计员和娱乐家，他做得很好，现在他转向文学创作了。尼古拉斯·默里·巴特勒博士曾批评了赫伯特·胡佛的就职演讲，尤其是关于海军和商船队的部分。作为造船商的雇员，希勒先生给巴特勒博士写了一封回信，并准备了其他宣传文件，共和党全国委员会宣传部门很高兴地将这些文件寄了出去。这些新闻稿大力要求建设大型海军和商船队;它们对和平倡导者的爱国心和智慧表示质疑,并巧妙地设计通过谴责奸诈的阿尔比恩①来争取爱尔兰选票——用希勒先生自己的话说,"愚弄那些简单的爱尔兰人"。

希勒先生的努力再次获得了成功,但这种成功并未持久。虽然他支持的候选人当选了,但宣传和平的恶毒毒素已经感染了胡佛先生;因此,1929年,希勒先生又一次被聘请到华盛顿,为支持建造15艘巡洋舰的法案进行宣传。而另一位与造船利益无关,但与日内瓦英雄一样具有强烈爱国心的先生,现在正致力于宣传裁军的弊端以及国际联盟和国际法院等危险的程序。传媒大亨威廉·赫斯特先生让希勒先生按照赫斯特报纸长期以来为读者所熟悉的方式进行宣传。

现在,希勒先生拿着2000美元的月薪,对国际联盟和国际法院发起了强烈攻击;他的职责包括撰写文章、使用复写机、演讲和组织爱国社团。但在这项令人愉快的工作中,他除了赫斯特集团还有其他盟友。他和蔼可亲的态度和渊博的海军知识使他受到了美国退伍军人协会的欢迎。他协助麦克纳特司令准备了一份演讲稿,表达了协会对建

---

① 阿尔比恩(Albion),英国的旧称。

造更多巡洋舰的支持。

希勒先生因其在爱国主题上的顾问和作家身份而闻名，但他对第四权的工作方法的经验让他对可怕的诽谤法有了深刻的了解。因此，虽然他对"叛国"一词相当谨慎，但他并不反对使用那些小心翼翼的影射。他认为和平与裁军的倡导者对美国的安全构成了威胁，他毫不犹豫地将他们与无政府主义者等危险人物混为一谈。他最出色的文章之一是《本尼迪克特·阿诺德的斗篷》，它试图诋毁那些支持国际联盟、国际法院和限制军备的个人和社会。他还有一本小册子，《和平的帝国主义》，巧妙地将所有反对强大海军、陆军和国家孤立主义的敌人归为一类。

从1914年10月开始，国际主义和共产主义的影响力得到了发展，其中包括和平主义者、失败主义者、各种色彩的激进分子和外国特工、共产主义者、世界产业工人组织和社会主义者，他们成立了十多个组织，名称令人印象深刻，旨在愚弄爱国的美国人并向敌人提供帮助。与这些反美机构的代理人和组织有联系的有政治家、参议员、银行家、律师、演员、导演和作家，他们都是美国出生的男人和女人，他们被用来对抗美国现政府……所有的名字、记录、来自这个国家杰出人物的支票、来自莫斯科的指示、演讲、论文、问卷，实际上是地下组织的运作，通过劳工界、社会、专业团体、陆军和海军、国会、学校和大学、银行和商业机构、农民、电影产业，事实上几乎在生活的每一个角落里，这些资料和反对美国的巨大阴谋的真实文件证据都被联邦官员缴获，并被当局掌握。

这篇特别的文章寄出时，希勒先生还在造船厂领工资。但对读者而言，文章作者可能只不过是一个挑剔的老爱国者，也许是同情美国革命之女协会的人，甚至是金西土著协会成员。如果有人怀疑他被赫斯特先生雇用，对此也没什么可指责的，难道现在的赫斯特集团不是一个神圣的组织吗？

1929年夏天，希勒先生以一种全新的身份出现在报纸上——一名要求获得合理工资的劳动者。在前往日内瓦之前，他与他的资助者之间达成的协议显然有些混淆。他声称，虽然他要求在10年内获得2.5万美元的报酬，但他们拒绝了他的要求，只是承诺会"照顾好他"。他在日内瓦会议上兢兢业业地工作，从而确保了更多的造船机会，并在15艘巡洋舰法案的争夺战中取得了巨大成功——希勒完全可以声称自己成功了。正如他所宣称的那样，他在两年内以惊人的速度实现了他的雇主们估计需要10年才能实现的所有目标。他认为自己有权获得2.5万美元的报酬，当造船厂拒绝开具这笔金额的支票时，他提出了诉讼。

这件事引起了公众的广泛兴趣，他们渴望了解更多关于这一爱国主义与商业之间奇异联盟的细节。参议员和众议员，以及最重要的胡佛总统，都表现出了好奇心，因为他的裁军谈判曾遭受过尖锐的攻击。参议院下令进行调查。参议院传唤了帕伦先生、巴多先生、怀尔德先生、伯利恒钢铁公司的格雷斯先生以及格雷斯的上司查尔斯·M.施瓦布先生。而它不需要传唤希勒先生，因为他自愿、热切地出现，并坚持要求听取他的意见。

随后出现了一个奇怪的场面。观察这些美国工业巨头是如何将自己描绘成碌碌无为、效率低下的管理者，如何将自己描绘成无辜却愚蠢的雇主，这的确很奇怪。非同寻常的是，他们竟如此轻易地承认，他们雇用了一个他们一无所知的人：他们派他到日内瓦去执行一项任务，而他们对这项任务的性质却一无所知，而且他们还为这项模糊不清的事业支付了2.5万美元。

巴多先生对他为什么同意雇用希勒先生的原因含糊其辞。他承认自己对此人一无所知，并承认这样做违反了他作为雇主一贯遵守的主要规则之一。他对这个陌生雇员的工作目标也同样模糊不清。根据这位纽约造船公司总裁的说法，希勒只是作为观察员被派往日内瓦，报告会议的"趋势"，以便造船厂获得比报纸上更多的信息。他宣称，他对会议的结果并不感兴趣，他感兴趣的是"趋势"，而不是"结果"——无论会议最终是否达成协议。

  阿肯色州的罗宾逊参议员（质询巴多先生）：失败可能对你有利，然而你只对趋势感兴趣，而不是结果。
  巴多先生：我们对趋势感兴趣，而不是对反对意见感兴趣。请不要混淆这两个词。
  罗宾逊参议员：你做了一个区分，我承认我的简单思维无法理解，但也许你会努力解释一下，为什么你对趋势感兴趣，但对反对意见本身一点也不感兴趣。
  巴多先生：因为一个指示了趋势，另一个指示了结果。

巴多先生一直在强调这种晦涩的辩证观点。不过他的同事，纽波特纽斯造船公司的帕伦先生，在经过长时间的交叉审问后，表达得更为明确一些。

  艾伦参议员：你真的希望他做一些比普通观察更重要的事情吗？
  帕伦先生：是的……

至于希勒先生的证件，所有人都承认他们忘记了这件事。

罗宾逊参议员：当你雇用他并派他执行贵公司的机密任务时，你没有对希勒先生进行任何询问吗？

巴多先生：我们没有——

罗宾逊参议员：没有对希勒先生进行询问，也没有对他进行调查？

巴多先生：我没有。

罗宾逊参议员：这是常规做法吗？

巴多先生：通常不是。

罗宾逊参议员：为什么在这个案例中你偏离了常规做法？

巴多先生：首先，我们没有时间。（这里巴多指出希勒已经订好了几天内前往日内瓦的船票。）

巴多先生承认，希勒先生"显然很熟悉和了解这个问题"，这让他丧失了商业判断力。韦克曼先生也说："如果你非要追问下去的话，我必须承认，我在这个问题上被弄得晕头转向。"

伯利恒钢铁公司的掌门人查尔斯·M.施瓦布先生曾发表过许多崇高的言论，比如以下这些：

"我感兴趣的方式是，我希望看到和平降临世界，特别是降临到我们这个伟大的国家，不会再有战争的纠缠。我不仅作为一个爱国的美国公民对此感兴趣，而且可以说，从这个伟大国家的繁荣角度来看，特别是作为一个和平条件下的工业国家，我是自私地感兴趣的。"

关于海军工作，他说：

"我们并不关心将来是否还会做这些工作。"

然而，施瓦布先生的得力助手，他称之为他的孩子的尤金·格雷斯总裁只是评论说这是"不明智的"。

在希勒诉伯利恒造船公司案中，被告对希勒先生的成就进行了激烈的批评。然而，当后者发布新闻稿并向美国发送反对限制海军武器的宣传时，他们中没有任何人采取措施阻止他。在明显谴责了他的反和平宣传之后，他们也没有通过拒绝他之后的就业来对他施以惩罚。因为正如我们所见，1928年希勒先生曾受雇于他们中的一位，为其商船立法，并在1929年为15艘巡洋舰法案进行游说。

实际上，对希勒先生的能力嗤之以鼻的巴多先生，参与了另一起涉及游说的事件，这次是通过一位国会议员。巴多先生与希勒之前的另一位雇主怀尔德先生一起，对一家土地和航运企业感兴趣，该公司旨在开发长岛蒙托克角作为海港、作为横跨大西洋四日航线的终点站。赞助该企业的公司之一，蒙托克角发展公司的股东之一就是海军事务委员会主席，尊敬的弗雷德·阿尔伯特·布里顿议员。布里顿先生在蒙托克角也拥有一些土地。为了证明新港口能够接纳大型船只，并证明它是一个好港口，这位人民的代表承诺让美国海军舰队使用它，且也兑现了承诺。次年，海军舰船在该港口外锚泊。但官兵们反对将此地作为基地，他们的不满情绪被传到了纽约的报纸上，布里顿先生在报纸的专栏中成了许多讽刺的对象。有人暗示，把舰队开到这里来，完全是为了帮助一个赚钱的企业。

布里顿先生在反驳中声明，前往蒙托克的命令来自海军部，"没有来自我或任何其他人的丝毫压力或建议"。他还给出了一个理由，解释为什么要将舰队带到这个地点。根据布里顿先生的说法，似乎是因为国家战争预防委员会的 F.J. 利比在长岛发表了一些和平主义演讲，而"带来舰队的主要目的之一是为了抵消这种宣传"。

像希勒先生这样的人的活动，展示了军火公司为了推进他们的业务可以走多远。他们已经意识到，武器负担正在迅速增长，仅这一点就足以促使政府采取严厉措施——削减海军建设计划，减少拨款，参加裁军会议。这对军火商的业务构成的威胁正在增长，尽管这些大企业可能会犹豫不决，不愿重复1927年日内瓦的表现，但他们似乎不太可能在未来不协助"大海军"宣传。

第十六章

到 1933 年为止的军火工业现状

> 如果我休息,我就会生锈。
>
> ——蒂森商店的格言

描述"下一场战争"的书籍已经出版了几十本。这些预言家描绘的地狱使但丁笔下的地狱看起来相当宜人。从这项研究的角度看,所有这些预言中最重要的是各种武器的重要性日益增加和对人力需求的减少。"合理化"已经超越了战神马尔斯,可能再也不会像世界大战那样有大量武装人员的聚集了,机器在战争中也在稳步取代人力。

通过比较 1914 年和 1932 年的团规模的变化,可以看到这个方向上已经发生的变化。1914 年,一个整编团由 3300 名士兵和 6 挺机枪组成。到了 1932 年,同样的团由 2500 名士兵、108 挺冲锋枪、16 挺机枪、4 个投弹器和 2 门小型火炮组成。换句话说,人力减少了 25%,而自动武器增加了210%。

自1918年以来，工业发明在军备方面取得了巨大进步。世界大战期间的死亡机器现在看起来已经显得过时和老旧了。新型德国万吨级"袖珍战舰"的速度快如巡洋舰，强度匹敌无畏舰；维克斯的两栖坦克像海龟一样游泳；英国的战斗飞机飞行速度超过每小时230英里。新型法国潜艇"苏尔库夫"像一艘小巡洋舰：它有18个鱼雷发射管，配备无线电和多个潜望镜，并包含一个能容纳可折叠机翼飞机的机库。化学战争仍处于初级阶段，33个国家已经批准了一项禁止其使用的条约。尽管如此，所有大国都拥有化学战部门，拥有用于实验的大量预算，而德国化学托拉斯已经发展出1000多种不同的用于战争的毒气。因此，现代科学战争完全依赖于军火工业。

在20世纪30年代，最重要和最大的军火制造国或许是法国。由于战争和其他原因导致的领土变化，法国钢铁工业在世界上排名第二，仅次于美国。强大的法国钢铁托拉斯"锻造委员会"与军火工业紧密联合，与法国政府也是如此。

法国生产各种武器，从飞机和火炮到潜艇和完整的战舰。施耐德工业集团主导着这个行业，霍奇基斯也很有影响力。施耐德的工厂位于克鲁索、索恩河畔沙隆、拉隆德莱莫尔和勒阿弗尔。勒阿弗尔工厂是最重要的工厂，于

1897 年被收购，此后得到了巨大的发展。潜艇在土伦附近的克勒斯 - 圣乔治制造，火炮部件在波尔多制造。

法国军火商的总业务中，约有 15%—20% 来自武器出口。为了促进这一外国业务，军火商采取了各种措施。波兰和其他重要客户在法国设有常驻购买军事物资的代表团。主要港口被组织成为法国朋友和盟友的军事和海军基地。瑟堡负责波兰贸易，洛里昂负责罗马尼亚，马赛负责南斯拉夫。其他稳定买家也制定了类似的安排。

但是，外国贸易不到法国军火业务的 1/5。法国军火工业最好的客户是其自己的政府。自战争结束以来，法国一直在疯狂地重新武装自己，严格保证所有武器都是现代化的、是最新式的。法国组建了庞大的飞机编队，坦克数量增加，化学战高度发展。但不知何故，法国仍然没有获得安全感，人们察觉到必须做更多的工作。在漫长的边境线上，每一寸土地都是危险点。比利时是一个朋友，但在 1914 年，它曾是法国的后门；德国永远不可信任；瑞士被说成是另一个后门；墨索里尼的意大利野心太大，嫉妒心太强，不是一个安全的邻居。

在这种情况下，法国只能想出一个办法：加固整个边境。一项庞大的边境防御计划应运而生，现有的堡垒得到了加固，其他堡垒也得到了扩建，其中许多堡垒位于地下。法国花费了 10 多亿法郎，在东部边界沿线拉起了一条钢铁水泥链。

即便如此，这也没能为法国带来安全感。有2700公里的海岸线未加防御，更不用提科西嘉岛和北非殖民地了。所有这些都是危险点，花费几亿法郎用于加固它们仅仅是一笔"保险费"，国家日后可以从中获益。因此，正在进行的运动旨在"保卫"法国海岸并加强殖民地的防御（其实，在世界大战中，这些地区并未受到什么威胁）。

已经完成的和即将进行的工作对法国军火工业及其盟友，即强大的工业集团"锻造委员会"来说，是极为令人满意的。这一强大的工业集团每年在"广告"上平均花费7500万法郎，主要用于影响媒体、资助记者等。据说它每年有2000万—3000万法郎的秘密基金用于维护其政治关系，它与政府的联系非常紧密。前总理和有影响力的政治家塔迪厄，以及柏林大使安德烈·弗朗索瓦·庞塞都是委员会的前董事。如果英国记者想要参观克鲁索工厂，他就必须得到法国政府的批准。

最后值得注意的是，国际联盟关于法国军备工业的数据与其他大多数数据一样，非常不可靠。例如，1932年没有列出对日本的出口，但有报道称法国为日本完成了大量订单。

施耐德在国外最大的子公司是捷克斯洛伐克的斯柯达，该公司曾是奥匈帝国的主要军火公司。帝国解体后，公司总部从维也纳迁往布拉格，主要工厂设在比尔森。大多数取消了双重君主制的继承国家都处于法国的监护之下。那么，当斯柯达在1920年面临财务困难时，施耐德介入并控制该公司，就再合适不过了。斯柯达是小协约国，特别是南斯拉夫和罗马尼亚的主要供应来源，这同样是法国影响力的延伸。1926—1931年间，斯柯达向南斯拉夫出售了33万支步枪、2万挺机枪、40万枚手榴弹、1040门大炮和20辆坦克。同一时期，罗马尼亚从斯柯达购买了12.5万支步枪、7000挺机枪、2000门大炮、161架飞机和100万个防毒面具。

斯柯达在捷克斯洛伐克的国内市场相对较小。瑞典之外，捷克斯洛伐克比任何其他生产武器的国家更依赖出口。至少40%的斯柯达制造品销往外国，这些国家包括小协约国和波兰，中国和日本，西班牙和瑞士，南美诸共和国，甚至法国、英国和意大利。武器出口占捷克斯洛伐克总出口的10%。

英国的军火工业紧随法国之后，位列世界第二。它以维克斯-阿姆斯特朗公司和其他强大的联合体为中心。维克斯-阿姆斯特朗可能是世界上最大的单一军火公司，它生产各种武器，在某些类型的军用和海军飞机、坦克和机枪的制造上处于领先地位。

英国军火工业占据主导地位的一个原因是它在殖民地

和自治领贸易中的实际垄断地位。加拿大主要从美国购买，但其他英国自治领和殖民地都需要从英国获得60%—95%的军事物资。英国的武器被出口到大约40个其他国家，特别是日本和中国、南美诸共和国和西班牙。然而，英国的出口只占其总产量的10%。

英国军火工业继续遵循其经过验证的政策，通过其董事和股东与政府保持密切关系。高级陆军和海军官员在准备从军事服务中退休时，会在军火公司的董事会议室中找到一个舒适的位置。维克斯足有8万名股东，其中包括内阁成员、国会主要成员、神职人员、公共人物以及各行各业的人士。

自世界大战结束以来，德国军火工业的问题一直是激烈争论的主题。凡尔赛条约迫使德国将其全部舰队和大部分武器及武器生产设备交给盟国。仅在埃森，克虏伯工厂就销毁了9300台机器和800件武器制造工具，价值1.04亿马克。有些德国军火商将他们的机器运到荷兰，在仓库中储存，直到1933年形势发生变化，这些机器才被运回德国。条约进一步禁止德国进口和出口任何类型的战争材料，并严格限制武器生产仅满足德国武装力量的需求。但德国真的被解除武装了吗？它是否已经不再是一个主要的武器生产和出口国了？

多年来，法国坚持认为德国在秘密武装自己，关于这个主题的机密报告长期以来一直悬在德国头上。此外，国际联盟关于武器进出口的统计数据显示，德国是武器的定期出口国。1929年，包括中国、日本、法国、西班牙和比利时在内的至少13个国家报告称德国是他们外国武器和弹药的主要来源。1930年，22个国家将德国列为他们的第一和第二大供应来源。对于这些令人惊讶的数字，德国有时提供的解释为出口的火器是供体育用途，而出售给国外的爆炸物是用于普通商业用途。此外，还有很多物资被解释为"过境"，即它是从德国港口运出，虽然记入德国名下，但实际上来源于不同的国家。这些解释看起来很合理，但是随后人们惊讶地发现，1930年国际联盟的统计数据表明，其他国家从德国购买武器的金额达到7541544美元，是德国出口数字的两倍多。这种巨大的差异并非偶然。尽管有凡尔赛条约的存在，但德国似乎已经重新成为武器的制造商和出口商。

这一推断通过过去10年的各种事件得到了确认。比如1925年的布勒尔扬案。1925年12月11日，沃尔特·布勒尔扬因"叛国罪"被判处15年监禁。审判是秘密进行的，公众被排除在外。被指控的罪行和指控者的名字都被严格保密。但在保罗·莱维博士和人权联盟多年的抗议下，事实最终被披露。指控者是柏林-卡尔斯鲁厄工业公司的总经理保罗·冯·贡塔德，就是那个在1907年利用法国媒体增加机枪生意的人（见第十一章）。贡塔德一直在建立秘密军械库，违反了条约规定，而且被协约国发现了。贡塔德不喜欢布勒尔扬，与他有严重分歧，为了摆脱他，贡塔德指控布勒尔扬向协约国透露了贡塔德正在秘密武装德国的事实。结果，法院认为布勒尔扬"叛国"，尽管当庭并没有拿出任何证据显示他与协约国有关。在事实彻底被披露后，布勒尔扬被释放。

1928年5月20日汉堡的毒气事故也暴露了德国正在秘密武装自己的事实。一家工厂发生的毒气爆炸造成11人死亡，多人受伤，还有多人因吸入毒气而入院治疗。幸好，工厂位于下风口，毒气被大风吹离了汉堡市，否则该市的居民可能会遭受可怕的悲剧。事情发生后，马上就有人声称这家工厂是为普通商业目的生产化学品；但是，事实清楚地证明，这家工厂正准备对外出口毒气。不过，协约国还是相信了德国的解释。

此后不久，勇敢的《世界舞台》杂志编辑卡尔·冯·奥西茨基因在其杂志上披露军事机密而被德国法院以"叛国罪"定罪。他公布的秘密与德国违反条约规定，秘密重新武装自己密切相关。

还有一些证据表明，德国正在从其他国家进口武器和弹药。在斯柯达1930年和1931年按国家分类的出口报告中，德国作为进口方，购买了大量的步枪、便携式火器、飞机引擎、硝化纤维素、炸药和其他爆炸物。

所有这些都发生在希特勒控制德国之前。纳粹对德国的控制势必会带来对更多武器的需求。在日内瓦，纳粹尝试了各种手段以修改凡尔赛条约的禁令；失败后，纳粹直接宣布退出裁军会议和国际联盟。然后，世界各地的报纸都开始报道德国重新建立武装的问题。以下是《曼彻斯特卫报》《泰晤士报》《日报》《时报》《不妥协报》和其他许多期刊概述的事实：

希特勒背后的人物是鲁尔钢铁大亨蒂森。在1930—1933年的关键年份，蒂森为纳粹提供了超过300万马克的竞选资金，他促成了短暂的希特勒—帕彭—胡根贝格联盟和施莱歇尔的倒台，从而为希特勒的崛起铺平了道路。为了这一援助，蒂森要求并获得了对德国钢铁托拉斯的控制，这是军火工业的核心。

希特勒上台后立即开始重新武装德国。他的首个预算中包含了约8亿马克未明确分配的资金。人们倾向于认为这笔钱是用于军备的。而德国似乎也像是主动要证明这种假设一样，每个月，进口到德国的铁、铜和废铁数量都在增加，用于军事目的的西班牙和瑞典矿石正在以越来越多的数量抵达埃姆登和吕贝克。那么这些进口物资发生了什么呢？

"坦克正在布雷斯劳的林克-霍夫曼铁路车辆厂和奥芬

巴赫的戴姆勒-奔驰汽车厂制造；小型武器在奥伯恩多夫的毛瑟运动步枪厂、马格德堡的波尔特铸铁厂、柏林和卡尔斯鲁厄的德国武器及弹药厂、爱森纳赫的巴伐利亚汽车工厂的发动机厂生产；大炮在苏尔的辛普森步枪厂制造；迫击炮在爱森纳赫的车辆厂、多特蒙德联合钢铁厂、斯潘道的德国作坊以及马格德堡的波尔特铸铁厂生产。"

克虏伯再次开始生产大炮。梅珀恩的炮兵靶场再次因测试新型巨炮而活跃起来。一种新型的特殊装甲也在制造中。一直是整个行业的领导者的德国化工行业，随时准备生产致命的毒气。有迹象表明，它们已经在生产和储存毒气，以备立即使用。德国已经储备了大量可迅速转换为军用武器的商用飞机。在荷兰、瑞士、瑞典、意大利和土耳其的子公司或友好工厂也准备好开足马力提供武器。

希特勒和纳粹在德国的崛起，也是其他国家的军火商需要向这一"崇高"事业提供服务和商品的信号。前文我们提到，英国接到了一个订单，要求提供60架他们生产的优质飞机，但在英国政府的阻拦下未能兑现。

塞纳克在1933年10月14日的激进社会主义大会上指控，施耐德最近为了避免怀疑，通过荷兰中转，向德国提供了400辆最新型号的坦克。法国也在向德国提供爆炸物的原材料。位于波尔多附近的库泽-圣弗朗的杜拉工厂每年向德国运送成千上万车皮的纤维素，这家工厂主要由英国人拥有。工厂与德国的合同规定纤维素必须用于和平产品的制造，但众所周知的是，它被用于制造爆炸物。在德国将这种纤维素制造成爆炸物的 I.G. 法本工业至少有 75% 的资本由法国掌握。这些事实在法国是众所周知的，但没有人采取任何行动，因为杜拉工厂是法国在战时的主要爆炸物工厂之一，而且如果法国不接单，美国制造商会立即填补德国的订单。至于为什么政府没有放弃法国对德国化工行业的控制，不撤回法国资本，原因也很简单：英国会立即取代法国的位置。

其他国家也在利用他们的机会。第一次世界大战证明了镍在德国军备中的重要性。然而，德国没有镍资源。1933 年，加拿大报告称，荷兰在 1933 年前六个月购买的加拿大氧化镍约为 1932 年同期的六倍，精镍为三倍，这一现象的唯一解释是这些镍止转运往德国。

因此，德国必须再次被视为大型军火生产和出口国之一。除德国外，意大利也在生产武器并出口。1914 年之前，意大利依赖进口武器，国际军火工业将意大利视为一个"美好的狩猎场"。但在墨索里尼上台后，这一情况发生了变化。军火工业在黑衫军的国度取得了显著进步，据报有相当数量的出口。意大利的客户主要是土耳其、罗马尼亚、南美诸国和芬兰。而且，意大利还无视条约规定，重新武装了匈牙利。最后，当墨索里尼接受法国在边界防御上的挑战,将军事预算进一步增加2600万美元以保卫意大利边界时,意大利军火工业终于学会了如何欣赏一个"真正的朋友"。

由于意大利不断重新武装匈牙利,1932年底,希腾贝格事件发生。为了避免像圣哥达那样被人发现,意大利无法通过铁路直接将武器送往匈牙利,于是他们选择将武器在奥地利希腾贝格中转,然后通过车队将其跨境运入匈牙利。在1932年12月31日以及1933年1月2日和3日,从意大利运来的40辆装满枪支和机枪的货车抵达希滕贝格,准备运往匈牙利。但是,这些武器被盟国发现了,1933年2月11日,法国和英国政府向奥地利(而不是意大利!)发出了一份备忘录,要求退回或销毁这些武器,因为它们违反了《特里亚农条约》的规定。

这份备忘录引起了轰动,但奥地利最终决定将武器退回意大利。据称有人曾试图贿赂奥地利社会铁路联盟,希望他们秘密在匈牙利卸载货车,并将空车送回意大利。铁路联盟将为其党派基金获得15万先令。这一贿赂事件在奥地利国民议会上被大肆宣扬。

意大利对匈牙利的其他武装尝试显然更为成功。1933年3月9日,法国国民议会听取了一则故事,讲述意大利如何通过铁路直接向匈牙利发送了60架飞机和19.5万公升的毒气。这批货物穿越奥地利时没有引起注意。随后墨索里尼立刻做出了回击,他反过来指控法国和捷克斯洛伐克正向南斯拉夫和罗马尼亚发送军事物资,其中一部分是通过奥地利运送的,他还提供了详细的数据。

比利时也并没有放弃其拥有数百年历史的军火工业。它继续专门生产小型武器和机枪。这些武器的用途可以通过美国"狂野西部"的一个奇闻来说明。在著名的厄舍尔绑架案中,美国运通公司根据法院命令进入了其中一名绑架者的家中,以满足他们对他的索赔要求。在他的物品中,他们发现了一把机枪,并将其没收。绑架者的审判结束后,这把借给政府用于起诉的机枪在科罗拉多州丹佛市被拍卖。美国运通公司的这一举动引起了人们对这支枪的关注,也顺便引起了对歹徒所使用武器的供应来源这个问题的关注。司法部特工则指出,由于美国国内生产的机枪受到了严格的监督,黑帮再也无法从美国枪支制造商那里获得他们的"割草机"或"打字机"了。不过,黑帮的大部分机枪现在都来自比利时,而且没有任何法律手段可以阻止这种贩运。

波兰的大部分武器都是进口的,但它有几家武器和弹药制造厂,其中一家机枪工厂是在德国人的帮助下建立的。有趣的是,希特勒政府在德国的崛起,使得波兰对苏联的恐惧相对减少,以至于波兰工厂开始为布尔什维克制造军事物资。

在欧洲之外的其他国家,军火工业的重要性较小。美国不存在任何一个能与施耐德集团或维克斯-阿姆斯特朗相提并论的武器巨头；但是，美国有数百家中小型武器公司，可以按需求迅速生产武器。一些公司在和平时期就会生产武器，同时也生产其他产品；另一些公司则可以迅速转向武器生产。在第一次世界大战期间，战争部与私营公司签订了超过10万份武器供应合同，有1.5万家工厂被纳入"工业动员计划"。

美国政府从私营公司购买其95%—97%的军事物资。其中最著名的包括杜邦公司和伯利恒钢铁公司及其子公司。在美国，杜邦庞大无匹，它一直是政府获取火药和爆炸物的主要支柱。而且它已经实现了产业多样化，在过去两年中，军事产品在其总业务中所占的比例不到2%。

杜邦还在墨西哥和智利拥有大型爆炸物公司，并在加拿大的一家化工厂持有大量股份；它还考虑过在捷克斯洛伐克建立一个分厂。在1933年，它获得了雷明顿武器公司的多数股权，当时它还宣布赞同"当前关于国家军备的公开讨论以及反战民意的健康成长"。

伯利恒钢铁及其子公司通常负责政府的装甲板和战舰合同。1933年，其子公司达到50家，除了军火，还生产近百种和平时期的产品。

美国军火工业的出口额约为每年1500万美元，即大约是捷克斯洛伐克出口额的1/2，英国出口额的1/3，法国出口额的 1/4。主要包括飞机及飞机引擎、机枪和弹药。美国航空商会主席托马斯·摩根及其副手卢瑟·贝尔最近向国会委员会表示，美国飞机公司每年的出口额约为 800 万美元，这一贸易涉及 46 个国家。柯蒂斯-莱特航空公司的盖伊·沃恩在同一听证会上估计，80% 的飞机都可以轻松转用于军事目的。

美国飞机在世界各地创造了历史，特别是在中国。中国人对高速战斗飞机感兴趣，为了将这种兴趣转化为订单，前陆军飞行员詹姆斯·杜立德少校向中国人展示了柯蒂斯的霍克歼击机。此后，柯蒂斯-赖特公司在布法罗售出了 36 架飞机给远东地区。同时，被称为攻击航空发起人的约翰·B.乔耶特上校前往中国，随行的还有 12 名顶尖的美国飞行员和 4 名熟练的技工。这个团队与中国政府签订了为期 3 年的合同，负责培训中国飞行员。他们每 8 个月将培训出 50 名中国飞行员，每名飞行员至少有 180 小时的飞行时间。

这些美国企业的成功非常显著，以至于柯蒂斯-赖特决定在杭州建立一家造价 500 万美元的飞机工厂。南京政府已同意每年至少购买 60 架飞机。

在训练这些中国飞行员时，仙童航空公司的一项新发明"空中摄像枪"投入了使用。摄像枪"击落"假想敌人，并带回记录以证明战绩。顺便说一句，意大利人也向中国出售了20架轰炸机，并派遣意大利最著名的飞行员之一，马里奥·德·贝纳尔迪中校来监督中国飞行员的训练。自然，日本人对这些活动感到不安。

美国的弹药也被大量出口。雷明顿武器公司的F. J. 莫纳汉先生告诉一个国会委员会，他的公司的出口额约为每年100万美元，占公司业务的10%—20%。他坚持认为出口贸易对于保持行业的整体水平是必要的。

最后我们还要强调一点：自希特勒政府在德国上台以来，世界军火工业的业务一直在大幅增加。从1933年4月开始，每个欧洲大型武器公司的销售额都出现了急剧上升，这无疑是由于各国政府增加了对武器和边境防御的支出。

根据国际联盟的统计数字，世界形势总结如下：

表四 所有国家的武器出口总值

年份	金额（美元）
1921	42811275
1922	42452413
1923	39419100
1924	45702200
1925	48102200
1926	51105400
1927	48060400

续表

年份	金额（美元）
1928	59239000
1929	64091000
1930	55201500
总计	496184488

表五 武器出口占各国出口总额的百分比（1930年）

国别	百分比
英国	30.8
法国	12.9
美国	11.7
捷克斯洛伐克	9.6
瑞典	7.8
意大利	6.8
荷兰	5.4
比利时	4.4
丹麦	1.9
日本	1.9

1930年，来自三个国家——英国、法国和美国的武器出口占了世界武器出口总额的55%，而这三个国家在1920—1932年间的世界武器出口总额中占了大约75%，超

过 4.59 亿美元。

前文提到，国际联盟关于武器的统计数据并不可靠，而且即使是官方数据之间也存在巨大差异。在1920—1930年的10年间，出口和进口数据之间的差异达到了1.38亿美元。比这更重要的是，真正昂贵的武器——战舰、飞机等根本没有包含在联盟的统计数据中，对于大量的走私武器也没有任何记录。

考虑到这些不足，有些人尝试独立获得1931年武器出口市场的更准确情况。但是，国际联盟的统计数据出现了一种令人困惑的缺失。国际联盟1931年的统计显示，进口额为36770400美元，而出口国报告的外销额为34981800美元。因此，官方数据之间存在大约200万美元的差异。但如果将联盟未列出的项目纳入，则总出口额接近2亿美元。其中，法国6000万美元，英国4200万美元，捷克斯洛伐克3000万美元，美国1500万美元，意大利1200万美元，其余约4000万美元由德国、瑞典、荷兰、比利时、丹麦和日本分摊。因此，国际联盟的统计数据被证明大约只有17.5%的准确度；也就是说，将联盟的总数乘以5.5，才能得到更准确的数字。这项调查还将美国推到了第四大武器出口国的位置，而捷克斯洛伐克升至第三位。

尽管这一发现颇为有趣，但从这些数据中得出的另一个结论更具有重大意义。1931年，全球维持陆军和海军的总支出约为45亿美元。陆军预算的约15%以及海军和空军预算的40%—50%被用于物资采购，流入了军火工业的金库，总额约每年15亿美元[①]。如果我们接受国际联盟关于1931年军火出口为3700万美元的数字，或是修正后的2亿美元估算，那么出口在军火工业总业务中的百分比可谓微不足道，前一种情况下约为2.5%，后一种情况下约为13.3%。分厂是保持较低出口占比的一个重要因素，显而易见的是，军火贸易在整个行业销售中只是一个非常小的部分，军火商的主要客户是他们自己的政府。但是，这种对外贸易在国际政治中的重要性则是另一回事。

为了完整地描述现状，这里必须补充一点关于化学战的信息。1908年的海牙公约禁止在战争中使用毒气。这一禁令在1925年的所谓"关于禁用毒气或类似毒品及细菌方法作战议定书"中得到了重申。奇怪的是，世界各地的各个战争部门就像是从未听说过这一国际协议一样；当然，他们中没有任何一个人会相信，下一场战争中毒气和细菌战会缺席。在大多数国家都能找到化学战部门，且每年都有巨额拨款用于进一步的实验以及创建气体炸弹储备。

即便所有政府都愿意通力合作，控制或消除准备使用

[①] 日本人将军事预算的40%用于武器。如果其他国家也采用这样的比例，那么这个金额必须大大提高。

毒气的行为也还是一个棘手的问题。像氯这样在和平时期有十几种工业用途的简单气体，是第一种在世界大战中投入使用的毒气。禁止生产氯气显然是荒谬的。著名的"芥子气"仅仅是三种非常普遍且有用的气体的组合。只要存在化工或染料工业，就有可能迅速生产战争用的毒气。

因此，也就不难理解为什么世界大国的境内总会有世界级的超大型化工厂了。最大的公司或联合企业包括德国的I.G.法本工业，英国的帝国化学工业，法国的库尔曼，美国的杜邦公司，美国联合化工公司和美国联合碳化物公司。

德国人一直是化学工业的领导者。在战后的工业重组中，化学托拉斯I.G.法本工业于1925年成立，总部设在法兰克福，工厂遍布十几个地区。公司董事会由各国的化学工业领袖组成，这些成员拥有不同国籍。据悉，该托拉斯的资本至少有75%为法国人所拥有，与西班牙、意大利、法国、英国乃至美国的其他化学公司也有着紧密的联系。I.G.法本工业已经研发了超过1000种毒气，准备用于下一场战争。

法国的库尔曼公司源于德国。战后不久，德国工业家同意在法国建立化学工业。1923年，在"占领鲁尔"期间，谈判完成，次年德国专家来到法国，培训法国化学家使用德国的化学专利。当然，他们得到了丰厚的报酬。库尔曼与德国化学托拉斯和西班牙的炸药公司保持着紧密的工业关系。在财务上,它与纽约的迪龙·里德公司、苏黎世的瑞士信贷和柏林的门德尔松公司有着联系。

在英国,帝国化学工业公司(I.C.I.)垄断了化学工业。它的真正重要业务也归功于战后获得的德国专利。它与政府关系非常紧密,并坦率地承认其为战争做好了准备。在公司的股东群体中,约翰·西蒙爵士在远东动荡期间出售了他持有的1512股份。同时,奥斯汀·张伯伦被显示持有666股份,内维尔·张伯伦持有11747股份。为了保证其国家特性,公司规定非英国人所持股份永远不得超过总股份的25%。

美国也为其蓬勃发展的化学工业而自豪,这同样归功于德国的专利。许多有着广泛国际联系的巨头在这一行业占据主导地位,尤其是杜邦公司和联合化学及染料公司。

毒气这种新武器在和平时期的危险已经显而易见。除了前文提到的1928年汉堡毒气爆炸事件,还有一个类似的事件于1930年12月6日在比利时的梅斯河谷发生。调查人员将该谷地64名居民的死亡归因于毒气泄露。这一地区有许多生产无害化学产品的工厂,调查表明,常规过程中的气体泄漏不可能导致这场灾难。激进的报纸声称,死亡方式与战时的毒气死亡相似,似乎是在指控这一地区的工厂正在秘密制造用于战争的毒气。而政府出具的居民死于雾霾的调查报告反而也为官方试图掩盖灾难原因的说法提供了证据。

毒气的使用预示着一个蓬勃发展的新行业——防毒面具行业的诞生。鉴于毒气将在后方无助的平民人口中释放，各国政府已经开始采取预防措施以应对这一威胁。民众正在配备防毒面具，并定期进行使用训练。巴黎的某个组织正在开展一项系统的运动，以普及防毒面具的使用。毫不意外的是，该组织还允许自己参与防毒面具的制造。

自"终结一切战争"的战争结束后，15年过去了。然而，各国人民和政府的和平决议似乎从未存在过，军火工业仍在加速前进。所有这些技术改进、跨国企业合并、政府与工业之间的合作，都与1914年前夕的情形相似，令人不安。当前局势是否必然是另一场世界冲突的准备，如果有的话，解决这些问题的方案是什么呢？

第十七章

前景展望

> 我和你们一样,由衷地为和平的回归感到高兴。我希望和平能够持久,人类既然自称是通情达理的动物,就应该有足够的理由在不割断双方喉咙的情况下解决分歧;因为在我看来,从来不存在什么好的战争或坏的和平。
>
> ——本杰明·富兰克林

军火商兴起和发展的故事揭示了他们早已成为世界和平日益增长的威胁。几个世纪以前,他们开始将火药用于战争时,其产品原始而粗糙;而今天,他们的死亡机器代表了科学成就的顶峰。几个世纪以来,武器和弹药的发展依赖于个别发明家偶然且孤立的工作;而今天,工业研究实验室已将发明活动系统化,并将其加速到了令人震惊的程度。在这一行业的早期,制造武器和弹药实际上是手工制作,生产过程缓慢且不精确;而今天,工业革命和大机器生产带来了以最高精确度进行的大规模生产。

战争也经历了类似的根本性变化。曾经以小型军队和少量伤亡为主的封建王朝冲突，已转变为涉及数百万人和数百万受害者的国家战争。古代和中世纪的战争是以微型军队进行的。世界地图的变化和国家的政治命运由5000—30000名士兵决定。例如，决定古希腊历史的马拉松战役，是由5000—6000名希腊人对抗同等数量的波斯人。亚历山大大帝开创性的战争是由30000—40000名马其顿人进行的。诺曼底人将英格兰纳入其掌控的黑斯廷斯战役，见证了7000名诺曼人对抗4000—7000名盎格鲁-撒克逊人。15世纪让整个欧洲陷入恐慌的胡斯战争军队，从未超过5000人。

美国早期的军队规模也很小。在邦克山之战时，美国军队有16000人；伯戈因的关键战役是由6000名士兵进行的；约克镇之战见证了9000名美国人和7000名法国人对抗7000名英国人；第一支美国和平时期的常备军队由80名士兵组成。但随着法国大革命的爆发，国家战争和国家军队出现了。军队的规模开始迅速增长。拿破仑的几场著名战役是与数十万人一同进行的；到了1870年，在普法战争中，几乎100万德国人进入了法国；而在世界大战中，入伍的士兵超过了6600万人。

军备的发展也同样显著。早期相对便宜的简单武器被高度科学化的死亡机器取代，这些机器的成本，连同巨大军队的维护费用，导致了国家战争预算的迅速增长。

这种增长反映在自1859年以来的弹药支出统计数据中，具体如下：

表六　近代以来各次战争中的弹药消耗

年份	战争	国家	消耗的弹药数量（单位：发）
1859	意大利独立战争	奥地利	15326
1861—1865	南北战争	联邦政府（北方）	5000000
1866	普奥战争	奥地利	96472
1866	普奥战争	普鲁士	36199
1870—1871	普法战争	德国	817000
1904—1905	日俄战争	俄罗斯	954000
1912—1913	巴尔干战争	保加利亚	900000
1918	第一次世界大战	英国和法国	12710000（一个月）

下表更直观地显示了这一发展，它对比了美国内战的一年和世界大战的一年：

表七　南北战争与第一次世界大战弹药消耗对比

年份	战争	国家	消耗的弹药数量（单位：发）
1864	南北战争	联邦政府（北方）	1950000
1918	第一次世界大战	美国	8100000
		英国	71445000
		法国	81070000

这些武器和军队带来的成本是个天文数字。为了装备第一批500万名参加世界大战的美国士兵，仅军械的成本就需要120亿—130亿美元。"这大约相当于美国国会从第一次大陆会议开始到我们对德国宣战为止的140年里所拨款的一半……这些拨款能够覆盖我们所参与的每一场战争的费用，包括南北战争，以及政府140年来在各个官方职能上的全部开销。"

另一种了解"新式战争"成本的方式是查看各国1863—1913年的军事预算：

表八　1863—1913年各国军事预算

年代	英国（单位：英镑）	法国（单位：法郎）	俄罗斯（单位：卢布）	德国（单位：马克）
1863—1864	25796000	540392787	127165723	—
1879—1880	25662094	764293739	207761670	410035949
1889—1890	31021300	759481775	261234866	415088408
1899—1900	47212000	978382421	410971701	588927600
1912—1913	71945000	1418546120	775956153	870047800

美国从1791年至今的数据也很有启发性：

表九　1791—1931年美国陆军和海军预算

年份	军事预算（单位：美元）
1791—1800	2614000
1851—1860	27780000
1871—1875	63514000
1880	51654000
1890	66589000
1900	190728000
1910	312997000
1914	348032000
1923	678256000
1927	684608000
1929	792037000
1931	838547144

第十七章　前景展望

世界大战没能从根本上改变各国的政治态度。各国继续依赖"大规模杀伤"作为解决棘手问题的手段。陆军、海军和空军的规模不断扩大，军事预算每年增加，每个月都有新的更可怕的武器出现。所有导致战争的基本原因未被消除，而国际联盟、《非战公约》以及其他旨在和平解决国际争端的机构和方法，在处理紧迫的世界问题时显示出的无能令人沮丧。

每场现代战争都威胁着将半个世界卷入其中，给世界经济带来灾难，并抹杀文明。那么，最紧迫的问题是：军火工业将何去何从？

未来很可能产生更激烈、更具毁灭性的战争，以及更多的军火商订单。毫无疑问，世界事务的一个重要趋势正强劲地朝这个方向流动。军火工业的业务稳步增长，它是唯一一个尽管世界处于大萧条之中也能繁荣发展的行业，而各国政府正处处加强与死亡贩卖者们的紧密联系。

如果战争持续下去，军火商显然也会变得日益重要。如今，大多数国家政府预算中最大的一项支出，都是为了过去和未来的战争。战争已经成为政府最重要的活动。这种新的民族主义军国主义的经济后果很快就会在军火工业中显现出来。

军火商将满足政府最重要的需求，他们在国家议事机构中的重要性将不可避免地持续增长。我们可以从日本观察到未来的一个趋势。在那里，军火工业是经济生活的中心，所有其他行业都围绕着军火工业发展。在日本，军火的制造和贸易是整个经济生活的明确指标。因此，日本的整个经济生活都以战争为导向，军火工业自然是这一经济的核心。

日本的这种安排与现在大多数大国采纳的"工业动员"制度之间的距离并不遥远。虽然这些国家在消除失业、清除贫民窟、建立社会保险或其他可能提到的十几项建设性措施上总是轻描淡写或即兴规划，但在战争行动方面，他们总是会准备好最详尽的蓝图。看起来，政府的存在似乎只是为了开战。

这种"工业动员"是在和平时期对工业进行的教育和准备，为的是在战争中完成它们的任务。世界大战告诉各国政府：现代战争牵涉到国家的整个经济生活。我们可以通过一位前战争部长在国会委员会前的声明来衡量这句话。他宣称，一支军队在战争中的需求包括一个由70万个组成部分构成的3.5万个不同项目的清单。为一支200万人的军队配备鞋子，需要使用446.25万头牛的皮革做鞋底，375万头牛的皮革做鞋面。我们不需要过多依赖想象，就可以清楚地看到现代战争涉及的是一个庞大的经济任务。为了为这种"紧急情况"做准备，美国政府已经与1.5万名工业家签订了合同，详细指导他们在战争中将承担的任务。战争部门还渴望采取另一步，即向这些公司发出"教育订单"，但到目前为止还未能实施。

这种工业动员体系朝着把战争置于我们经济生活的中心，或者换一种说法，让军火工业成为我们工业机器的枢纽，迈出了漫长的一步。政府与战争工业的联盟有可能使军火制造商在经济生活中占据至高无上的地位，继而在政府中占据至高无上的地位。如果战争有增无减，最终将形成一个在经济和政治上由军火工业主宰的世界。

但是，其他的逆流也很活跃。越来越多的人要求严格控制军火商。一些人要求政府完全拥有和经营该行业；另一些人则相信国际控制和监督，这两种做法都有其历史渊源。

主张政府拥有军火工业的人认为，私营军火商及其不受限制的国际销售是和平的主要障碍之一。如果现在将该行业国有化，国际销售几乎会消失，世界便能和平相处。这一论点值得仔细审视。

生产现代武器装备需要极高的工业技能和精良的设备，以及相当多的特定自然资源。世界上只有领先的工业大国拥有这些条件，对于其他不那么优越的国家来说，在国外购买武器比在国内制造更便宜、更高效。如今世界上只有大约10个国家能生产足够的武器装备以供出口，其中三个国家（英国、法国和美国）占所有武器出口的75%。此外，今天世界上没有哪个国家会在本国内生产其所有的武器和弹药；每个国家都会进口一些战争材料，因为其他一些国家生产的某种类型的武器装备更好或更便宜。具体来说，哪怕是法国、英国和美国也会进口一些他国生产的武器装备。

非生产国清楚地看到了这一情况，在国际会议和裁军条约中，这些国家反复强调他们购买国外武器装备的权利不应受到限制。1907年的海牙公约声明："中立国无义务阻止任一交战方使用的武器、弹药或一般任何对军队或舰队有用的物品的出口或过境。"国际联盟的盟约进一步明确了这一点。在承认私人制造武器"存在严重问题"后，它继续指出："理事会将建议如何防止此类制造带来的恶劣影响，同时充分考虑到那些无法生产对其安全来说必需的战争器材和武器的联盟成员国的需求。"在国际联盟国际武器贸易监督会议上，非生产国坚持生产国必须出售武器。诸如"出售的义务""主权权利包括购买的权利"等术语每天都在被讨论。

因此，国际武器贸易存在的根源远不止是军火商的"无良贪婪"那么简单。如果所有私营军火商决定明天就停止他们的国际交易，各国政府引发的全球性抗议将不会允许他们这样做。只要战争成为可能，国家就会需要武器。世界经济形势使得大多数国家（如果不是全部的话）难以或无法制造它们所需求的所有类型的武器装备。因此，庄严的国际条约规定并申明，武器在任何时候都必须自由出售，即使在战争时期也是如此。在战争时期，违禁品规则可能会中断这种贩运，但在和平时期和正常情况下，"出售的义务"是存在明确规定的。

因此，军备工业国有化的计划显然牵涉到国际政治的重大变化，只要战争的阴云遮蔽天际，世界上的非生产国将永远不会同意。诚然，可以安排在若干年内让每个国家都有机会建立自己的民族军工企业，从而结束国际交易。但这种做法的价值是值得怀疑的。即使所有国家都同意这一安排（这种情况真的可能发生吗？），结果也可能是军备工业的大规模扩张，而国际贸易将继续在原材料而不是成品中进行。日本的军火工业不是从一开始就由政府拥有吗？这一事实消除了日本的战争吗？

我们试着换一个角度来看。确实，今天武器出口贸易只占武器总产量的2%—15%。但这看似微不足道的交易远比它看起来的更为重要。它经常引发军火商的特殊商业手段，包括贿赂官员、控制媒体、制造战争恐慌等。它充当一个杠杆，通过它可以从其他政府那里撬出订单。更重要的是，这些销售往往是在国际摩擦加剧或战争期间进行的，它们对战争的起源或持续起到了明显的推波助澜作用。英国武器制造商在外交关系紧张时向希特勒出售飞机，就是对国际政治的干涉。军火商在最近的敌对行动期间向南美国家销售战争物资，就是在阻碍和平。

还有一个更为重要的方面。和平时期向其他国家出售武器只是战争时期出售武器的前奏。近代以来，没有一场大战是没有活跃的国际武器贸易的。如果没有战争物资的国际销售，世界大战会持续多久？如果现在的军火工业国有化包括在和平时期，特别是在战争时期完全绝对禁止出口的各种武器，这将是世界和平的一个决定性成果。

但从问题的整体及其经济和政治背景来看，似乎不太可能采取这一步骤，或者说，即使采取了这一步骤，它也不会包括战时这一最重要的规定。一个简单的事实是，禁止贩卖军火几乎是国际政治的一场革命，非生产国将把它看做是生产国的敌对行为，在一个战火纷飞的世界里，它们将因此而受制于生产国的恩惠或其他恩惠。

为解决这一问题而提出的另一个重要建议是国际管制。在这方面已经做出了一些模棱两可的努力。例如，1890年的《布鲁塞尔公约》禁止向整个非洲出口武器。据说这是为了制止奴隶贸易，也许确实如此。与此同时，这显然也是帝国主义列强的一项自私措施，目的是将殖民地拒于现代武器门外，使其屈服。阿比西尼亚成功地通过法属索马里兰走私武器，从而在1896年历史性的阿多瓦战役中战胜了意大利人，成为非洲唯一一个在帝国主义列强面前保持独立的国家。这也不是唯一的走私例子。几十年来，走私武器的交易十分活跃，利润丰厚，尤其是在非洲地中海沿岸，这导致当地部落的动荡不安。

1919年的《圣日耳曼昂莱条约》就更不用说了。该条约显然是出于列强对战后如何处置大量武器弹药的担忧。它规定了一项原则，即武器只能出售给另一国得到承认的政府，而不能出售给革命者或叛乱者。同时，它还将《布鲁塞尔条约》的"禁区"扩大到亚洲近东地区。该条约由23个国家签署、11个国家批准。但该条约从未生效，因为武器生产大国都规定，它们必须集体批准或根本不批准。美国拒绝批准，因为它不想拒绝向南美洲和中美洲的革命政府提供武器。该条约几乎不加掩饰的目的是保护大国对其殖民地、保护国和委任统治地的占有。

国际联盟采取了下一步行动。一个小组委员会于1921年开展了一些初步工作后，召开了一次"监督国际武器弹药和战争工具贸易"会议。会议于1925年5月14日—6月17日召开，44个国家派代表出席了会议。会议重申了关于"禁区"和"合法购买者"的旧条款，并对其进行了修改，同时还试图获得足够的武器出口统计数据，以取代目前由国际联盟收集的完全不可靠的统计数据。所有重要的武器生产国的批准再次成为条约通过的先决条件，因此条约尚未生效。

这次会议的具体成果微不足道，但国际军火工业的控制问题却暴露无遗。在代表们彬彬有礼的发言中，有几件事十分引人注目。非生产国在考虑到其"购买权"可能会受到任何限制时，几乎惊慌失措，并坚持认为不能采取这样的行动。同样，与会国显然也不会容忍对私营军火工业采取任何行动。在讨论这个问题时，来自俄亥俄州的众议员西奥多·伯顿阁下——他多年来一直担任美国和平协会主席和美国和平运动右翼领导人，同时也是出席会议的美国代表团团长——慷慨激昂地为私营军火制造商辩护："私营制造商中的许多人都怀有最和平的愿望，他们做了什么？他们做了什么，要受到这样的歧视？如果政府的制造仍然可以无限制地进行，那么热爱和平的人们对禁止私人制造还有什么盼头呢？"

伯顿的辩护显然不是出于他个人，而是代表了美国政府的政策，因为美国政府的军备在很大程度上依赖于私人制造。因此，它揭示了对武器制造商进行国际管制的基本问题，即很少有政府（如果有的话）真正希望对战争物资的贩运进行国际监督。一方面，大多数国家的政府认为，不受阻碍的国际武器销售将确保它们的军事准备，特别是大多数国家的战争物资完全依赖进口。而另一方面，武器生产大国不愿意损害它们的一项产业，因为它们的"国防"在很大程度上依赖于这项产业。

如果这一结论似乎没有道理，那么看一看另一次会议或许就会证明这一点。日内瓦会议之后，西奥多·伯顿向美国国会提出了一个法案，提议在战时对所有战争材料实行禁运。该法案很具体，针对的是实际军备，如枪支、弹药、大炮、机枪或其部件。它有意回避了所谓二次战争物资问题，如士兵的鞋子和制服。该法案于1927年12月5日提出，1928年1月30日向委员会提交了报告，随后准备在众议院采取行动。1928年3月，众议院军事委员会突然要求外交事务委员会就该法案再次举行听证会，以为它"可能会损害备战计划"或"影响国防"，因此又举行了一次听证会。

出席委员会会议的有陆军部长、海军部长、军事和海军助理、众议院议长召见的化学基金会代表以及其他人。所有这些人都以国防为由反对该法案。他们实际上是这么说的：美国依赖私营军火商提供大部分战争材料，如果不允许这些制造商自由地向所有国家出售武器，那么当本国政府在战争时期最需要它们时，它们就无法做好准备。此外，如果外国知道他们在战争中无法从美国武器制造商那里购买武器，他们在和平时期也不会购买。战争中的禁运被认为是一个非常危险的程序，因为它可能会导致战争。所有这些的意义在于，政府部门的负责人带头维护私人武器制造商，维护其"为了国防利益"而不受限制地进行国际销售的权利。

由于战争物资和非战争物资之间的界限极为模糊，国际管制问题变得更加复杂。例如，在刚才提到的听证会上，化学基金会的代表就坚持认为，化学品不能被视为战争物资。同样，关于所有金属、棉花、飞机、科学仪器以及其他许多项目也有类似的争论。所有这些在和平时期都是有用的，而在战争时期则是不可或缺的。世界大战期间，英国在封锁德国时就遇到了这个问题。他们的议会命令最终几乎包括了所有物品，因为这些物品在战争中可能被证明是有用的。现代战争和武器的性质使得有效的国际控制变得困难，然而，如果各国政府本身没那么不愿意在这个问题上接受任何监督，也许会取得一些成果。

因此，真正的出路只有一条，就是裁军。各种徒劳无益的裁军会议如果能使和平力量睁开眼睛，看到他们所面临的真正问题，那么这些会议就没有白开。裁军之所以未能实现，是因为国际政治局势。国际政治又是由我们的整个文明决定的。我们的文明允许甚至助长了制造战争的力量，如民族主义和沙文主义、经济竞争和竞争性资本主义、帝国主义和殖民主义、政治和领土争端、种族仇恨和人口压力。在这些敌对势力之间建立平衡的传统方式一直是暴力，即武装战争。

因此，裁军是我们文明的问题。除非粉碎或消灭这些制造战争的力量，否则裁军永远不会实现。因此，裁军问题实际上是建立新文明的问题。所有试图单独处理裁军问题而不考虑所涉及的更深层次问题的尝试，都注定会失败。可能会达成一些小的协议，但这些协议限于短期，除非我们当前文明的基本要素发生变化，否则世界永远不会停止成为一个武装营地。

军火工业也是如此。一个承认并期待战争的世界，军火工业如果没有锐意进取、不断进步和与时俱进的精神，是无法生存下去的。所有试图孤立地通过国有化或国际控制来解决军火制造商问题的做法，几乎肯定会失败。

显然，军火工业是当今文明的必然产物。不仅如此，它还是造成国际政治混乱和无政府状态的重要因素。要消除武器工业，就必须建立一个能够通过和平手段解决分歧和争端，从而免于战争的世界。这就需要重塑我们的整个文明。

与此同时，那些有志于创造一个没有战争的世界的人们不必无所事事，等待新一天的到来。他们可以支持为和平解决国际争端而采取的一切行动；他们可以帮助减少战争和海军部门过高的预算；他们可以为限制地区军备而努力，并支持所有旨在避免军备竞争的条约；他们可以反对民族主义和沙文主义，无论它们出现在哪里，在报刊上、学校里还是在演讲台上；他们可以努力为混乱的世界经济和政治状况带来秩序。

天空再次笼罩着低沉的战争阴云,天启四骑士再次整装待发,为世界带来毁灭、苦难和死亡。战争是人为的,而和平一旦到来,也将是人为的。当然,战争和军火商的挑战是任何智慧和文明的人都无法回避的。